仕事を辞めなくても大丈夫！

介護と仕事をじょうずに両立させる本

方丈社

はじめに

今日も介護と心の相談室に、

「親の介護は子の役目だから……」

と言葉をにごして、うつむく会社員が座っています。

介護離職を決意しているのかもしれない、と心配した上司が『介護と心の相談室』に相談することを勧めたのです。


「一人暮らしの父が転倒して半身不随になってしまって。どうしたらいいでしょう？」

「職場に、母が入院した病院から電話がかかってきました。夜中に騒いで迷惑だから退院してほしいと言われてしまって……。母は認知症を発症しているとのことなのですが、どうしたらいいのでしょう？」

「夫が脳出血で、後遺症が残ると言われています」

どなたも切羽詰まった事情を抱えて、仕事どころではなくなっています。家族がタイヘンなことになっている、すぐにどうにかしなくては、という状況になると、誰しもパニックになります。

私は、「大丈夫ですよ。仕事を続けながら介護することはできますよ。まずは状況をしっかり把握しましょう」という話から始めますが、既に介護離職の決意を固められている方には、私の方から、もう一歩、踏み込んで尋ねてみます。

私「親ごさんが亡くなったあとの、あなたのキャリアと収入はどうなりますか？」

「……。」

私「いまより満足できる職につく自信がありますか？」

「……。」

私「介護したあとに、あなたのスキルや人脈を活かせますか？」

「……。」

私「あなたの人生にとって、介護離職は最善の選択なのですか？」

「……。」

私「あなたの介護はいつ終りますか？」

「……。」

いずれの問いにも、答えは返ってきません。

そうです。

介護は、自らの人生からみる視点が必要なのです。

もうすぐ、人生一〇〇年の時代がきます。親や配偶者、パートナー、家族の介護がスタートしたあとには、自分の三〇〜五〇年以上にわたる長い人生があるのです。四〇〜六〇歳のときにこそ、自分の人生一〇〇年の設計をしなくてはなりません。

そこに家族の介護が加わったとしても、介護時代をあなたの人生のキャリアプランの一時期と考えるなら、転職はあっても離職の選択はありえないのです。

なぜなら、介護はあなたの職業ではないからです。

介護は、介護を職業としているプロの手を借りて、仕事とともに人生を前進しましょう。介護離職をしなくても、後悔しない介護は、できるのですから。

そのために必要なのはマネジメント力です。

この本では四つの環境マネジメントと、キャリアの考えかた、つまり「四面プラスα」のマネジメント、四人に一人が陥る介護うつへの対策となる、「心のマネジメント」を解説します。

介護が迫っているひとはもちろん、働くどなたも「四面プラスα」のマネジメントと「心のマネジメント」を理解していただきたいと思います。

また、育児介護休業法の改正で、会社が対応しなければならない問題も増えています。会社で、そうした問題に対応しなければならない部門で働いている方も、介護に関する相談や申請を受けた場合に、どう対処したらいいか、この本をご一読いただき、参考にしていただけたらと思います。

私自身は家族、親族、友人五人の介護と看取りで、転職しました。失敗もたくさんしました。善意も誠意も砕かれたこともありました。思いが及ばす、極限の悲嘆も経験しましたが、私の心は成長できました。そして、多くの糧を得ました。

現在は要介護度4の母親を在宅介護しながら、介護離職ゼロに向けて「介護と心の相談室」を開設し、働く人の心とキャリアのコンサルタント、カウンセラーとして仕事を続けています。

この本を機縁にして、人生一〇〇年時代の介護への備えをしていきましょう。

事例の名前は仮名とし、プライバシー保護のために状況などを変えてあります。

飯野三紀子

目次 ―― 仕事を辞めなくても大丈夫！ 介護と仕事をじょうずに両立させる本

6章 仕事・公的補助のマネジメント

7章 介護のマネジメント

8章 心のマネジメント

9章　病気のマネジメント

10章　感動の看取り・相続の問題

11章　がん終末期に学ぶ医療と介護の連携

12章　認知症を知る

13章　介護との両立・人生への効果

1章

なぜ仕事を辞めてしまうのか?

介護離職の悲劇

人手不足なのに、介護離職するひとは年間一〇万人以上と言われています（総務省平成二四年「就業構造基本調査」転職者含む）。

政府は問題の大きさに気づき、「介護離職ゼロ」を打ち出し、法律も変わりました。

しかし、大部分のひと（介護未経験者）は「その目標は正しいんだろうけれど、ゼロとはいかないだろう。誰にでも親はいるんだし」とひとごとのように感じています。

「介護離職阻止」の持つ意味を知らなくては、若い世代から管理職まで、誰もが働けない時代がきているのです。

まずは、実例から、介護離職の問題点を探っていきましょう。

システムエンジニアの孝さん（当時四〇歳、東京在住）の母が脳出血で倒れました。手術や医師からの病状説明、半身不随となった母のリハビリ病院への転院、そこからの再転院と緊急事態が続き、その都度、孝さんは仕事を休まざるを得なくなりました。

　会社では新しいプロジェクトのプレゼンが間近。孝さんは部下に大部分をまかせて動き回ったのですが、仕事はうまく進行せず、上司から呼び出され叱責されてしまいました。

孝さん「母が入院しまして……」
上司「兄弟や親戚に頼めばいいじゃないか。仕事が大変なときなんだから」
孝さん「母ひとり子ひとりなもので」
上司「なんとかできないのか！」

　と上司は舌打ちをして、表情を曇らせます（ケアハラスメント）。母の退院後に介護が必要となり、母の住む大阪で介護体制をつくるために休暇をとりたいと相談に行くと、上司は、
「いいけど。でも、いつまでも続くと困るよね。休みが多くなると今後のキャリアや評価にも影響するよ」（ケアハラスメント）
　と言われ、孝さんは言葉を失いました。それでも、休みを作って、介護の対応に追わ

れました。その結果、新しいプロジェクトは失速し、部下からは、

「上司が休みがちでは……」

「これからどうなるの？」

と不満と不安の声が聞こえてくるようになりました。

孝さんは、会社全体から責められているように感じました。

しかし、孝さんの母は施設入所を嫌がり、孝さんに実家に戻ってきて、家を継いでほしいと頑なに訴えます。

孝さんは、「なんとなく、母の面倒は自分がみるしかないのだから、もういいや、と仕事を辞めて実家に帰りました。あれは、失敗でした」と、振り返ります。

介護に専念した孝さんは、その二年後にうつ病となってしまいます。介護はできなくなり、母を有料老人ホームに入所させ、自分はうつ病の治療に専念するしかありませんでした。

孝さんの母はそれから五年で亡くなりましたが、蓄えは尽きました。

「ＳＥは六年ブランクがあれば、もう再就職はできないです。家を継ぐといっても駅から遠い古家は売れないし、改築資金もありません。古家に住みながら、不安定な職に甘

んじて、孤独に老いていくしかないですね」

みなさん、孝さんの厳しい現実を他人事と片付けられますか？

孝さんのシステムエンジニアの人生は、

1、職場が介護支援に無理解だったこと

2、上司と部下の、無知によるケアハラ

3、母親との親子関係（共依存の傾向。面倒を見続けることを、お互いの無意識のうちに自己評価の拠り所とする依存）

4、本人の介護への情報不足と「とらわれ」からの決断

で、大きく狂いました。

近頃、「老後破綻」「下流老人」という現象が社会を不安に陥れています。バブル期に働き盛りの時期を過ごし、フリーや派遣でも、それなりに収入を得て暮らしてきたひとたちが、老後を迎え、年金や蓄えが十分ではなく、かつての栄光と現在の生き辛さのギ

ャップに苦しんでいるのです。

介護離職後の老後破綻とは、

独身男性、女性や非正規労働者が親と同居し、介護離職

↓

そのなかの四人に一人の介護者が、介護うつや心身症になる

↓

長い介護人生で親の預貯金や財産を使い果たす

↓

親の亡きあと、親の年金もなくなり、生活保護を受けるしかなくなる

という悪循環に陥る現象です。

三つのとらわれ

孝さんは介護離職した結果、古家に住み、不安定な職につき、孤独に老いていくことに苦悩しています。

もし四〇歳のとき、介護と仕事を両立できていれば、孝さんは新たな家族を持てたかもしれないし、会社から高評価を得ていたかもしれません。母親の家はセカンドハウスとして利用し、充実した生活を送っていたかもしれません。

このように、介護のボタンをかけ違うと、悲劇的なことが起きてしまいます。

では、なぜボタンを掛け違えてしまったのでしょうか？

それは親の緊急時に、パニックになり、心の「とらわれ」のままに行動してしまったことに一因があります。

まず最初に、介護の「とらわれ」の問題を抱えていないか、自己チェックしてみましょう。

「介護離職はとんでもない暴挙です。離職して親を介護すればあなたも、介護される親も貧乏くじを引くのです」

と言われたとしたら、正直、どう感じますか？

「どうして？　親の面倒をみるのは子の役目でしょう？　子が親の介護から逃げることが許されれば、社会に、道徳も良心もなくなるでしょう。親は子の介護を受けたいんだから、他人に介護されるのはいやだと思うけど」

と、とっさに怒ったのではないですか。

それも当然。

親とは多くのひとにとって、最も愛し、信頼するひとです。自分を産み、育て、必要な教育を受けさせ、世の中に出してくれた。自分が今日あるのは親の献身のおかげです。たとえ育ててくれなかった親だとしても、産んでくれたのですから、その存在は唯一絶対であり、親から、「困った」と助けを求められれば、だいたいの子は助けようと動くでしょう。

親と子には、言葉では表せないほどの、深い絆があるのです。

「貧乏くじとは言い過ぎだ」と感じ、怒りが湧いたのは、まっとうで正しい気持ちなのだと思います。

ですが、「介護離職防止」を成功させるためには、その、まっとうで正しい気持ちとともに、かつての家族像への「とらわれ」があるかどうかが大きな問題になるのです。

では「とらわれ」とはいかなるものなのか、考えていきましょう。

とりあえずはおおまかに三つに分けられます。

とらわれ1　「職場に家庭の事情を持ち込んではいけない」
とらわれ2　「家族介護が一番」
とらわれ3　「介護のカミングアウトは恥ずかしい」

三つのとらわれについては、あとで詳しく説明しますが、まずは、孝さんが、どんなプロセスをたどって、厳しい状況に陥ってしまったかをみていきたいと思います。

「親不孝者」と言われて

孝さんは親の介護に専念し、二年ほどして、うつ病になりました。

「母は他人に介護されるのはいやだと言い張るし、母ひとり子ひとりだから親を見るのはぼくしかいない。それぐらいできるはずだ、元どおりに治してやるぐらいに思い込んでいましたね」

孝さんは、そう振り返ります。

「でも、甘くみていました。最初の半年は移り変わる病状に対応しトイレに手すりを付けたり、家を介護用に整備するので精一杯でした。退院してからは、リハビリして母をある程度もとの体力に戻し、ぼくは新しい分野を勉強して、在宅でプログラミングの仕事をしようと計画を立て、母に対しても、早く回復するように叱咤激励したんです」

そこで孝さんは、ある起業セミナーを覗きました。そこでキャリアカウンセラーと立ち話をしたら、

「介護も立派な仕事ですよね」

と言われ、励まされたと感じました。

そして、上司や部下の無理解に怒り、短絡的に仕事を辞めたことを、後ろめたく思っていた気持ちを、「介護は立派な仕事」という使命感で上書きしてしまったのです。

「そうだ、介護は立派な仕事だ。仕事同様、大変だし、創意工夫も必要だ。今はこれに専念すべきだと無理やり思い込もうとしました」

しかし、ある日、リハビリに行くのがいやだという母を説得していた孝さんは、お母さんに「親不孝者」と泣かれて、「こんなに一生懸命やってるのに」と、怒りと悲しさでプイと家を出てしまいました。一日さまよって帰ると、お母さんは、ボーッと座り込んでいたそうです。

「母はもうかつての母じゃないんだと実感しました」

さらに厳しい状況は進みます。お母さんは、認知症を発症してしまい、いっときも目が離せなくなって、孝さんの日常は、ただただ、お母さんの食事の支度や排泄の世話、徘徊の連れ戻しで暮れるようになります。

「それは辛いですよ。母が昼夜逆転してから、睡眠不足が続き、ついにうつになっちゃいました」

孝さんの告白に、胸が痛くなりました。

認知症になってからは介護保険を申請し、ヘルパーさんにも入ってもらったのですが、孝さんのうつはひどくなり、このままでは共倒れになると、ケアマネジャーに施設入所をすすめられたと言います。

孝さんは、仕事一途に生きてきたように、介護にも目標を決め、熱心に取り組んで、自分を追い詰めてしまったのです。

残念なのは「介護も立派な仕事ですよね」との、介護知識のないカウンセラーの、無責任なひと言が、孝さんの心に食い込んでしまったことです。

母ひとり子ひとり、なんとかしなきゃと、必死な思いで始めた介護を、自分の使命感から出た決定だと思い決め、走り続けたのです。

ほんとうは、仕事を辞めたくなかった、もう少し会社で踏ん張るべきだった、という本心にフタをしてしまったことで、うつにもなりやすくなったのです。

老いた親の心身の状態は老化により、予測もつかない展開をみせます。それなのに孝さんは、受験勉強のように、仕事のように、「努力すればなんとかなる」と思い込んでいました。

孝さんの思いと、お母さんの現実は乖離していきました。

うつ病を発症した孝さんは、ゆっくりと心身を休め、治療をするために、仕方なく、お母さんを、すぐに入れる高い費用のかかるホームに入所させました。

結果、貯えも、尽きていきました。

「資産が減っていきましたが、母は施設の若い職員さんを信頼し、笑顔も出て穏やかに過ごしていたので、施設を変えることはできなかったんです」

介護は初体験だった孝さん

いざとなったら親を介護したい。

できるだけのことをして、恩返しして、一生後悔したくない。

この万人共通の思いが、介護の自己犠牲の美しいイメージを作り、それが数々の介護ドラマに反映されていて、その感動はだれもの脳裏にも染み込んでいます。

「私もいざとなれば優しく介護できて、親から素敵な笑顔や感謝の言葉を引き出せるだろう、これこそが人生の感動だ」

そう思い込んでいるのです。しかし、初めての介護に直面して、そんなにうまくできるわけがありません。

車椅子に乗せるのも危なっかしく、慣れないで緊張しているから険しい顔になってしまうし、なかなか優しくもできません。

親も「エッ？　こんなはずでは？」と思います。思いながらも、「子が介護してくれるのが一番」と「とらわれ」ているので我慢します。

かつては、家族何人かが協力する介護だったり、近隣や親戚が気軽に顔をだし、「お母さんみてるから遊びにでもいってくれば」などと介護を代ってくれた時代でしたから、そこそこのサポートも期待できました。

しかし、いまの介護は親と子の密室になりがちです。

そのなかで親と子は知らず知らずにストレスを溜め込み、追い詰められていきます。

孝さんのお母さんも、「半身不随だから頼るのは当たり前」と孝さんに頼る受け身な生活をし、リハビリのほかは、デイサービスにも行かず、外に出ることもなかったと言います。

不活性な単調な生活が続き、やがて、認知症に移行していきます。

孝さんのお母さんもまた、なりたくて認知症になったわけではないし、孝さんが経済的に困窮するなど思ってもみなかったはずです。

「他人に介護されるのは嫌」と言い張ったときは、短期間だけ息子の世話になるだけだから、それぐらいは主張したい、ぐらいの気持ちだったでしょう。

不幸にして、孝さんとお母さんのまわりには、そこで「ボタンの掛け違が、起こるかもしれない」と言ってくれるひとはいなかったのです。

孝さんの、母ひとり子ひとりだから親を見るのは自分しかいない、という「とらわれ」は、家族の問題は家族で解決しなければならない、という日本社会の常識であり良識でした。

しかし、家族は変貌していきました。閉じられた家族介護の欠陥があらわになっていき、二〇〇〇年、介護保険が施行されたのです。

人類がかつて経験したことのない、長寿社会の荒波を、少子化となった日本が乗り切っていくためには、『介護の社会化』について、とことん考え、理解していく必要があるのです。

- 戦後の経済発展の間に遠く離れて住むことになった親と子
- 平均二人しか生まなかった団塊の世代
- 団塊ジュニアの非婚の増大
- 結婚後の子育て資金や家のローンの重圧
- 正規社員と非正規社員との格差
- 離職すると、もとの雇用条件に戻るのは難しい現実

このような社会のなかで介護離職すれば、

- 家族全体が貧しくなり、そこから抜け出すのが困難になる
- いったん離職して介護に専念すると、その後の再就職は困難

●介護離職したひとの年金は老後を支える水準に届かず、生活資金が枯渇して生活保護を受けることにもなりかねない
●膨大な社会保障費を少ない労働人口の社会が支えられるかという難問

という現実が待ち受けています。

ここで働き方、家族意識、介護への意識を変えないかぎり、すぐ先の日本は危ういのです。

とらわれ1　職場に家庭の事情を持ち込まない

孝さんの離職をあと押しした最大の力は、職場の無理解とケアハラスメント（ケアハラ）でした。

以下のような上司の言葉が、それにあたります。

「きょうだいや親戚に頼めばいいじゃないか。仕事が大変なときなんだから」

「なんとかできないのか！」

「いいけど。でも、いつまでも続くと困るよね。休みが多くなると今後のキャリアや評価にも影響するよ」


これらはすべてケアハラスメント。介護と仕事を両立しようとする社内のひとへのハラスメントです。

言ったほうはたいした悪意がないつもりでも、言われたほうはひどく傷つき、退職にまで追いやられる、それがハラスメントです。

孝さんも、「それはケアハラスメントです」と抵抗できませんでした。

彼自身も、職場に介護は持ち込んではいけない、介護は家族の問題だからという考えに「とらわれ」ていたからです。

「会社に迷惑をかけて申し訳ない、部下からも文句を言われて立場がない。これまで評価され慕われ堂々と生きてきたのに、こんな卑屈な思いをするなら会社にはもういられない、という思いがグルグル渦巻いてそこから逃れるように退職してしまいました」

退職したとき、孝さんは九三日取れる介護休業や介護休暇などの法制度を知りませんでした。

セクハラという言葉が一般化され、無神経な行為や言葉が職場から減っていったように、介護しながら働くのが当たり前の社会がくれば、ケアハラスメントもいずれ消えていくことになるでしょう。すぐにそんな時代がやってきます。「あのときあんなこと言っちゃった、しまったなあ」と、苦い思い出を噛みしめないためにも、介護離職問題を理解してください。

いまの四、五〇代は高度成長期を牽引してきた仕事一途な父親と、良妻賢母の母親で育った世代。孝さんの父親も出世競争のなかで、上司の評価、部下からの評価に神経をとがらせ、残業もいとわずの人でした。父は孝さんが大学生のとき心疾患で亡くなりました。

母親は結婚前には仕事をしていましたが、孝さんが生まれると専業主婦となり、父親が仕事一途でいられるよう、支えてきました。

孝さんの祖父母の入退院の世話は、母親がひとりで担ったそうです。母方の祖父母は母の兄の嫁が介護して見送りました。

孝さんは懸命に生きた父、舅姑を介護した母をみて育ち、母に介護が必要になったとき、母のように自分もしなければと思ったのです。


孝さんの退職は五年前のことです。

五年の間に介護問題への関心は高まりましたが、いまもまだまだ介護は家族の問題という意識でいるかたが多いのです。

いまの六〇〜七〇歳の世代では「終活」が流行り、死に方や自分の介護を話し合うことも多いのですが、子の世代では、まだまだ、介護や認知症は、他人事です。親に降りかかってくるであろう問題は、恐れるあまり見たくない、知りたくもない。

「親の介護や看取り、終末期の問題を、介護保険に加入する四〇歳になったら常識として知っておきましょう」

「親が認知症になってからでは、親の意思を確かめられなくなって困るのですよ」

とセミナーの案内をすると、

「介護の勉強？　いまはちょっといいです。いざとなったらで」

「そういうこと、親に聞けないですよ」

と断られます。

介護が自分の身に降りかかるとは「考えたくない」「認めたくない」、という人々が多いせいか、育児・介護休業法が存在することや、二〇一七年一月一日から改正されたことを知らないひとも多いのです。

介護休業法の改正の要点は、四つです。

1、介護休業の分散取得

介護を必要とする家族（対象家族）ひとりにつき、通算九三日まで、三回を上限として介護休業を分割して取得可能

2、介護休暇の取得単位の柔軟化

一年に五日（対象家族が二人以上の場合は一〇日）まで、介護そのほかの世話を行うための取得が可能だが、半日（所定労働時間の二分の一）単位での取得が可能

3、介護のための労働時間の短縮

①所定労働時間の短縮措置、②フレックスタイム制度　③始業・終業時間の繰上げ、繰下げ　④労働者が利用する介護サービス費用の助成、そのほかこれに準じる制度

4、残業の免除

対象家族ひとりにつき、介護の必要がなくなるまで、残業の免除が受けられる制度

二人兄弟が多い中高年世代は、数からすれば親と子は一対一の比率。だとすれば、介護は、社長から社員、契約社員、パート社員まで、男性、女性にかかわらず、だれにも平等にかかってくる問題なのです。

これからの会社、社員は、育児・介護休業法を理解して、ワークライフバランスを考え、その上で予測不能な現実に柔軟に対応する知恵を身につけてこそ、生き抜いていけます。

まずは、「職場に家庭の問題を持ち込まない」というとらわれを意識からはずしていきましょう。

とらわれ2　家族介護が一番

「親の恩は山よりも高く海よりも深い」

「子を持って知る親の恩」

仏教の経典には「仏説父母恩重経」があり「父母の恩重きこと天の極まりなきが如し」とあります。親孝行は人間の人間らしくあることのカナメです。

日本人は代々、日本昔話にあるような「孝行娘」「孝行嫁」など、親孝行の伝説のなかで暮らしてきました。

親が困ったら助けるのは子の役目、介護するのは当たり前で、決しておろそかにはできない。もしもできなかったら、恥であるという考えは、誰の心にも染み込んでいます。

親だけではありません。パートナーも、兄弟姉妹も、子がいれば子も、いつ病に倒れたり、事故にあって障がいを負う可能性があります。

「すこやかなるときも病めるときも」

と誓った伴侶が病に倒れて、なんとしても助けたい、看病に専念したいと思う。自分の命より大切な子が重病になってしまって、なにを犠牲にしても助けたい。それは、人間としてごく自然でまっとうな感情です。

また、法律でも親と家族の扶養義務などが定まっています。

民法887条 配偶者や自分の子供のほかに扶養経済的に困窮している親、兄弟姉妹といった直系血族の生活を保護し、金銭的にも援助を行う必要がある

介護は家族の問題。この考え方は、まだ根幹では生きています。

ですが、核家族化、都市化の社会変化のなか、家族だけで介護するのは要介護者（介護を必要とする高齢者）、介護者（日常的に介護するひと）双方が疲弊することが明らかになり、二〇〇〇年に介護保険ができたのです。

介護保険とは、四〇歳以上が加入して費用を拠出し、高齢者と介護者の介護生活を支える社会保障システムです。

介護サービスを使い、家族以外の人手（ホームヘルプサービス）を入れたり、要介護

者が施設などに行って、食事や入浴、リハビリやアクティビリティをしたりして、要介護者のＡＤＬ（生活を営む上で必要な食事、移動などの日常動作）、自立した生活を少しでも取り戻し、家族の負担を減らします。

八〇歳以上の要介護者は、自分たちが老親を介護した世代。だから介護を人の手に委ねるなんて、と拒否することもあるのですが、いったん介護サービスを経験すると、その安全性や効果に納得してサービスを使い続けるのが普通です。

障がいにかんしては、障害者自立支援法、障害者総合支援法があります。

この法律は、たとえ障がいをもったとしても、住み慣れた場所で可能な限り必要な支援が受けられることを目指し、社会参加の機会の確保、どこで誰と暮らすかを選べるなど、障がいのある人が保障されるべき権利がより明確に打ち出されたものです。

そのほか、障がいの有無によって分け隔てられることのない「共生社会」を目指す方向性が示されました。

家族は、医療保険、介護保険、福祉の制度を駆使して、介護の設計をして、責任を負いますが、実際の介護はプロの手をかりて、「介護者がつぶれないようにする」のが正解となったのです。

親世代は家族の介護を望んでいない

実は、家族介護が一番という神話は、親世代から先に崩れています。平成二八年版高齢者白書では、介護を受けたい場所は、「自分の自宅が男性四二・二%。女性三〇・二%で第一位」になっています。

子や親族の家で介護されたいと思う人は、男性一・七%、女性四・四%と、極端に少ないのです。

あとの人々は、ほとんどが施設を希望しています。

子世代が、介護というと、「親か子の家で同居」を思い浮かべるのに比べると、子供たちが親世代の気持ちを、まったくわかっていないということがわかります。

親世代は自分たちの問題ですから現実的。

友達の体験などの情報を集め、家族介護の危うさをとうに知っているのです。

ですので、実際に親世代の人に聞いてみると、

「車椅子になっても、しっかりしていれば家で暮らしたいけれど、認知症になったら施設がいい」

「子供に迷惑かけて、いやな顔されるより他人がいいわ」

という声をよく聞きます。

親世代は家族介護、施設介護、そのどちらが家族と自分にとって危険が少ないか、冷静に判断しようとしています。

親の世代のほうが介護保険の介護サービスを理解しているのです。

社会の中枢にいる子供世代は、「家族介護が一番」のとらわれから解放されて、親世代とのズレを埋めなくてはなりません。

認知症介護は家族よりプロがいい？

親世代も子世代も、認知症というと「そうなってみなければわからない」と判断停止となりますが、ひとつだけ確かな科学的事実があります。

それは、介護者のニコニコした表情が、介護に有効だとわかったことです。

「認知症ではそれまでの自分でいられなくなって、心が深く傷ついているから、優しく介護すると効果があるんでしょう？」

と思っているあなた、それはちょっと違います。

脳科学の発達で脳の血流や血流量が測れるようになって「扁桃体」が認知症の人の「落ち着き」の司令塔だとわかってきたからなのです。

脳の奥にある原始的な脳神経の塊、扁桃体は人類が発生したときから備わっている、快不快を判断し、情動を司る脳。

脳の一番奥で護られていて、多少のことでは傷つきません。

それというのも、人間を命の危険から守る重大な働きをするからです。

人類が狩りをして洞窟で暮らしていたころ、トラやライオンが現れたら、扁桃体は瞬時に反応、アドレナリンを出し筋肉に血液を送り、ダッシュで逃げさせました。

敵が恐ろしい形相で襲ってきたら逃げる。隠れる。

不機嫌な顔をしている客を、敵か味方か見分ける。

そうやって、快不快を伝え、人間を、家族を、社会を守ってきました。

海馬が衰えても、原始的な脳である扁桃体は、まだまだ元気なのです。

その扁桃体が海馬と連携していることが証明されたのです。

たとえば、介護を受けている男性のデイケアのお迎えの場面を思い浮かべてくださ い。ニコニコしているヘルパーさんなら、「快」で、気分よくお迎えの車にのってくれるのに、お父さんをこよなく愛する娘が、いつもの話に、つい、「あ、その話、一万回聞きました」と仏頂面で言えば、男性は、「なんだなんだ」と怒り出すといった場面は、そう珍しいことではありません。

もちろんこのお父様も、娘の愛を感じつつも抵抗するのですが、「介護拒否」や「不穏」が、本人も介護者をも、ひどく消耗させることは事実です。

では家族は、とにかくニコニコしていればいいのでしょうか？

そう、そのとおり。

ですが、昨日までの歴史があり、愛があり、親の変化に対して悲しみも深い。

家族だから簡単には切り替えられない。家族だからこそ、上っ面で笑うのは無理なのです。

ヘルパーさんはプロであり、仕事ですから、たいがいのときは、笑顔で接することができます。

認知症の方に、家族がいつも笑顔でいられなかったとしても、笑顔を絶やさないプロの介護士と過ごす時間があると、認知症の進行が穏やかになり、消耗も減る。

こういうことは、実際、よくあります。この大矛盾をしっかりと理解してください。子は、大きな基盤で認知症の親を支える。

支えられる力を保つように、介護サービスを使う、それが現代的介護なのです。

ベテランケアマネジャーが言ったことが忘れられません。

「家族の方は、介護はプロにまかせて負担を減らし、いい顔だけしていてください」

とらわれ3　介護のカミングアウトが恥ずかしい

週日の美術館や図書館で、ひとの波を眺めてみましょう。

だいたいは高齢者です。住宅地にいけば、デイサービスの送迎の車が目立ちます。

歩道では、半身まひのかたが車椅子のかたとすれ違い、超高齢社会の訪れを感じます。長寿社会は喜ぶべきことです。

医療に恵まれた現代では、脳梗塞で倒れても、四時間半以内なら、t＝PA治療（血栓溶解療法。点滴治療・専門病院で可能）で、四割の方がほとんど後遺症なしに回復します。

八時間以内ならカテーテルでの治療（血栓を吸い取る、からめとる）で回復を図れます。

一〇年前なら助からなかったひとが助かるのが現代です。

高齢者や障がい者を守り共存する社会へ、システムを改良していかなければいけません。

つまり、これからは、病も介護も「暗い」「忌避すべき」イメージではやっていけないし、死も堂々と語られる社会に移行していきます。そうしたなかで、「介護を普通に語る時代」になっていくでしょう。

もうひとつ、必要な視点は、自分たちの未来への考察です。

いまの四、五〇代が高齢者になる頃には、公的年金は、より厳しさを増していると思いますし、子供がいたとしても、介護離職してまで全面介護されるのは、当人にとっても、子供にとっても、よりリスクが高まっていることが予想されます。だとしたら、我々はいま、自分の家族の介護体験から学び始めるべきではないでしょうか。

まずは「介護のカミングアウト」をして、働きながら介護の道を踏みだしていく。仕事と介護の両立の経験を積み重ね、自分たちに介護が必要になったときに、介護難民にならないよう、備えていかなければなりません。

そうです。

働き方改革は、会社や社会の問題ではなくて、自分たちの問題なのです。

いまはまだ、介護をカミングアウトするのは、抵抗を感じるかもしれません。言わなくてはいけないと思っていても、「上司や部下から、迷惑だと思われるかもしれない」、「プライベートなことを公表しなくても」という気持ちが足をひっぱります。

さらには、「自分のキャリアに悪影響が出るのでは」、「会社から自分への評価が下がるかも」と自分の身を案じる気持ちも湧いてきます。

しかし、勇気を持ってカミングアウトすれば、自分のキャリアプランの覚悟が決まり、有効な助言を得られたり、制度の利用がスムーズになり、むしろ、気持ちは明るく、自己肯定感も高まるものです。

自分のなかにある隠そうとする心理

介護のカミングアウトをためらうときは、自分の中に介護していることを隠したい心理があるのか、見つめ直してみましょう。

信頼し尊敬している親や配偶者、自慢の子、誇らしい兄弟や親戚が、介護され、それまでのイメージを一変させてしまうことが恥ずかしい、表に出す必要はない、と思ってしまう気持ちはないか、と。

実際、オムツ姿だったり、食べこぼしの沢山ついた服を着ている姿を、かわいそうと思うのと同時に、恥ずかしいとも思うのが、身内です。

また、自分自身が現実を認めたくないという思いが強いことから、カミングアウトを拒む心理も働きます。

かつて認知症を痴呆症・ボケと言っていた時代の偏見が自分自身にあるのかもしれま

せん。

介護が必要な状況は、誰も望んでなることではない。

ならば、恥の意識をもつことのほうが、おかしいのです。

他人の介護や障がいを差別しない、だから、身内に対する介護や障がいへの見方も解放しましょう。

介護の現実は辛いとしても、心を強くするしかありません。

介護と仕事を両立させていくためにも、カミングアウトから一歩を踏み出しましょう。

そこで波風が立つかもしれません、だとしても負けないでください。

「常に真実を話さなければならない。なぜなら真実を話せば、あとは相手の問題になる」

という言葉が思い出されます。

カミングアウトは自分の直面する状況を、受け入れる宣言でもあります。

介護が必用になる疾患

第一位　脳血管障害
第二位　認知症
第三位　高齢による衰弱
第四位　骨折、転倒
第五位　関節疾患（リウマチ等）

五〇歳から八九歳の死因

第一位　がん
第二位　脳血管疾患
第三位　心疾患

（厚生労働省「国民生活基礎調査の概況」平成二五年）

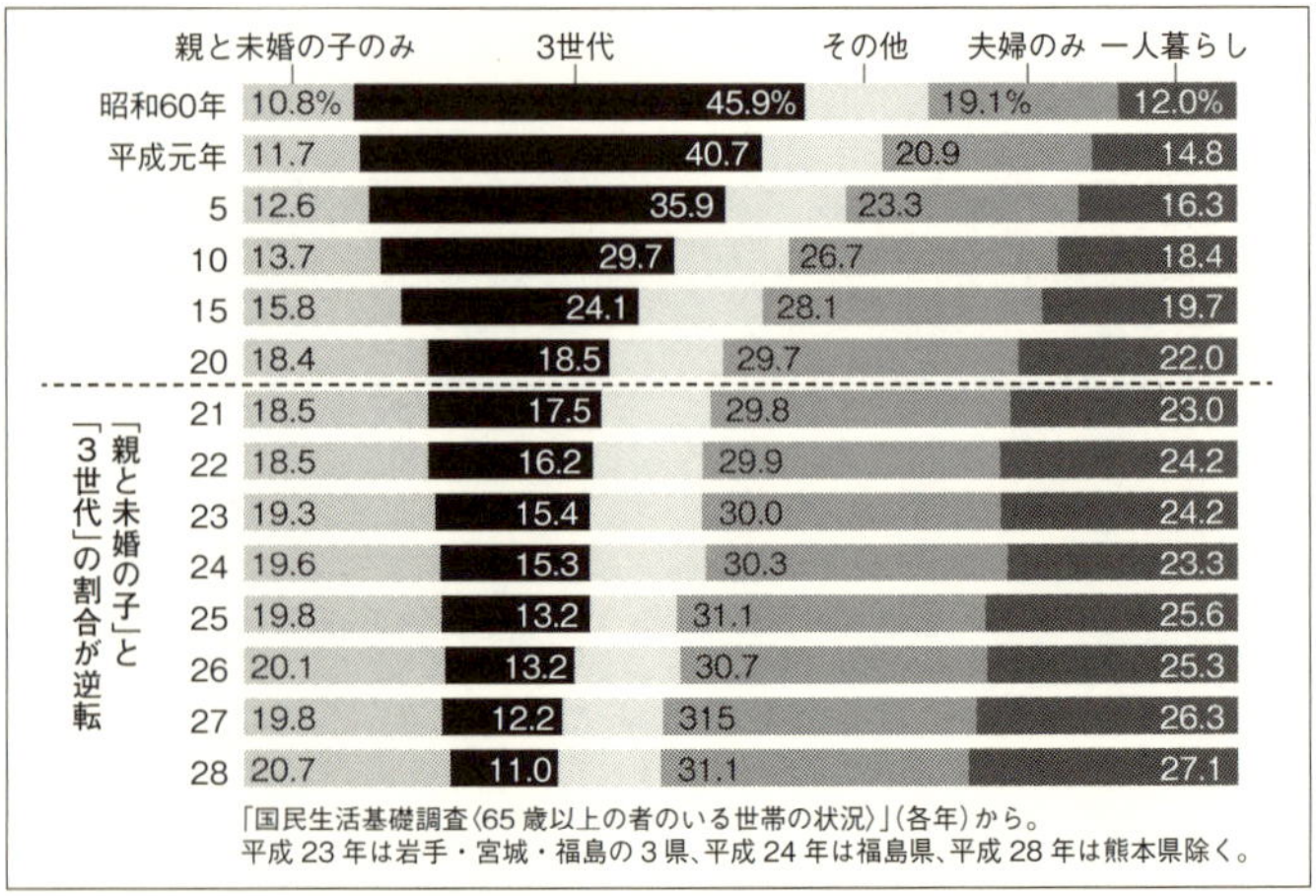

図1　65歳以上の者のいる世帯の世帯構造の年次推移
出典：平成28年国民生活基礎調査（厚生労働省）

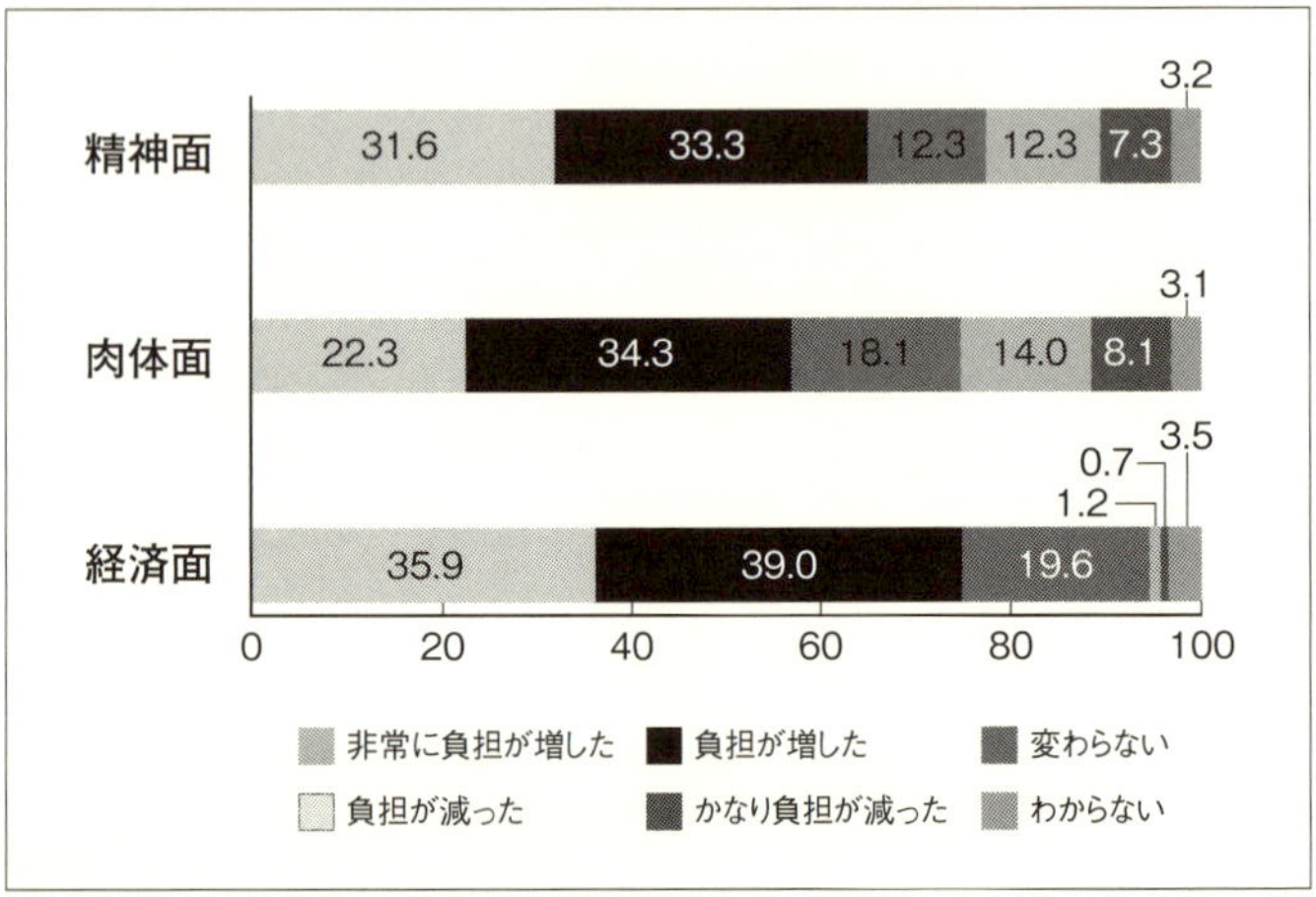

図2　［離職者］離職後の変化
出典：三菱UFJリサーチ&コンサルティング（2017年7月27日更新）

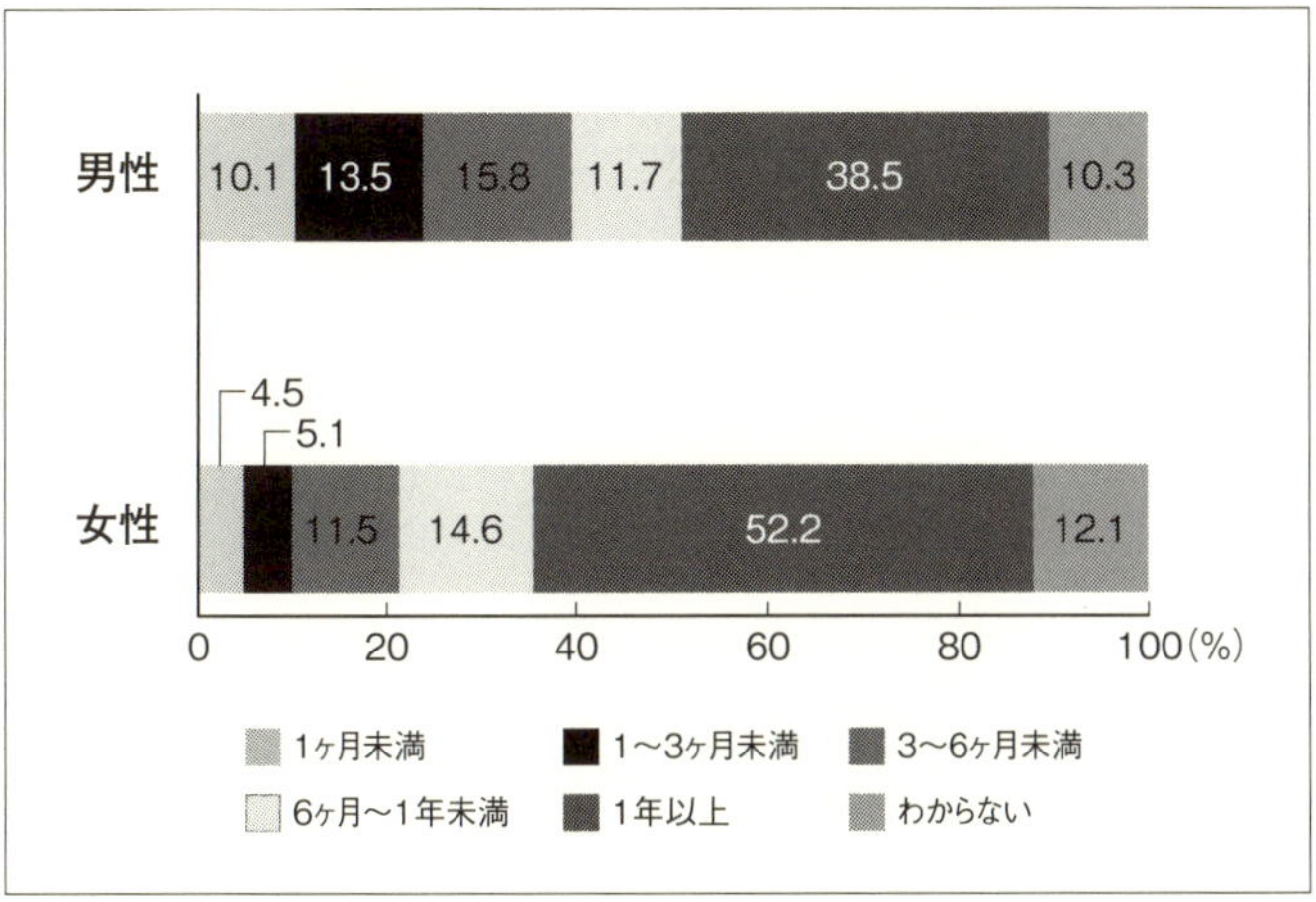

図3　離職者の離職から再就職までの期間
出典：三菱UFJリサーチ&コンサルティング（2017年7月27日更新）

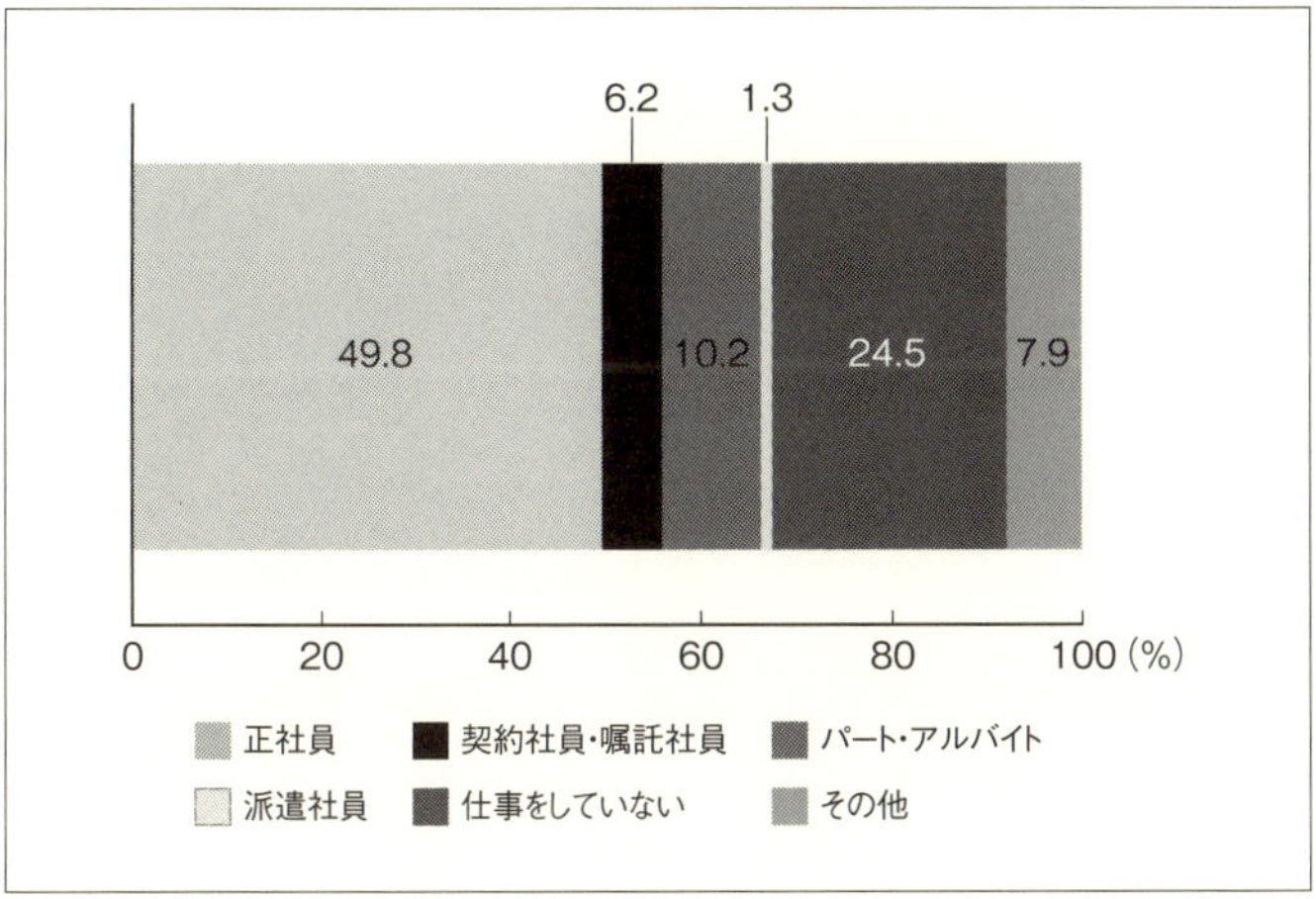

図4　離職者の再就職の状況
出典：三菱UFJリサーチ&コンサルティング（2017年7月27日更新）

2章

「両立介護」のスタート

最初は誰でもパニックになる

介護と仕事を両立させるには、最初のボタンをきちんとかけて、状況の変化に応じて、ボタンをひとつひとつ正しくかけていくこと、それにつきます。

それを阻むのは、時間と自由の欠乏で陥るトンネリング、ジャグリング（行動経済学の用語）の弊害。

そして起こるパニック、否定、被害者意識、焦燥など、あなたとあなたの周りの負の心理です。

この原理や心理を知りましょう。

介護離職をする時期は介護が始まってから一年以内が多く、男性五二％、女性五六・一％となっています（二〇一四年、明治安田生命福祉研究所とダイヤ財団調査）。

両立のボタンをきちんとかけるのは、半年以内が勝負です。

パニック時期とは、介護初動の半年ですから、このときの混乱した気持ち、行動をあらかじめ知っておけば、パニックから手早く抜け出せます。

だいたいの方は、パニックから抜けて初めて、落ち着いてプロから情報収集できるようになります。

それからやっと、いますべきこと、するべき順番がわかってきます。

介護で疲労困憊してしまったのはなぜか？

順さんは、五〇歳のときに、お母さんの介護に直面しました。

「民生委員からの電話で、あわてて新幹線に乗り、家に帰ったら、いつの間にか実家はゴミ屋敷状態になっていました。母親は、やせ細り、目の光を失っていて、〈母さん大丈夫？〉と聞くと無表情のまま〈どちらさま？〉と言われたときはショックでした」

「ああ、こんなになっていたなんて。なぜもっと頻繁に来なかったんだ、と自分を殴ってやりたいぐらいでした」

と、そのときのことを振り返ります。

隣県からかけつけた叔母は、「こんなになるまでほうっておいて。なにしてたの？　親の面倒みるのは子の務めでしょ」と怒るばかり。「誰かここにくるか、引き取って面倒見なきゃ」と叔母に責め立てられて、順さんは、とりあえず、弟に連絡して引き取れるか聞くと、「急に、そんなことを言われても」と喧嘩腰です。

順さんは、思わず、「もういい。俺が面倒見るから！」と言ってしまいました。

散乱するゴミ、汚れた家、異臭、やせ細り混乱している母親、それは順さんの日常を、根底からひっくり返すような光景でした。

「どうしよう、なにから手をつけていいんだろう。とりあえずなにか食べさせ、風呂に入れ、家をかたづけなくては。それにしてもどこに鍋釜があるんだ、風呂はどうやって沸かすんだ。そうだ、近県に住む叔母さんにきてもらおう。おかゆぐらい作ってくれるだろう」

と叔母さんに来てもらったら、叔母さんに怒られ、弟に電話して相談しようとしたのに、喧嘩になり、弟と決裂してしまって。最も協力しあわなければいけない兄弟が、介護のスタートで仲たがいしてしまい……。

どこが、いけなかったのでしょう？

順さんの初動の間違いは、ひとりで問題を解決しようとしまったこと。無意識の三つのとらわれ、そして焦燥が原因です。

お母さんをよく知る、近所や地域の相談者、第一発見者の民生委員の方に援助を求めなかったのは、身内のことだからという「恥の意識」があったからです。

また、いきなり弟に、「面倒を見られるか」と電話してしまったのは、弟なら介護に協力するのは当たり前だと思う、「家族が一番」というとらわれからです。


突然、家族の介護に直面すれば、誰でも混乱します。

会社では、日頃冷静な判断をし、的確な指示を出し、危機にも泰然としていられる部長でも、皆に親しまれている心暖かい女性社員でも、何の心の準備もなく、突然、身内の介護を必要とされる状況に直面すれば、必ずパニックに陥ります。

パニックになるのが普通、と理解してください。

初動の段階では、客観的に状況を判断できる専門家の目が、必ず必要になります。しかるべきところに相談し、専門家の意見を聞くことが大切なのです。

順さんの場合、民生委員から連絡があったのですから、その民生委員に立ち会ってもらっていれば、母親の普段の状態と現在との比較や、近所づきあい、見守りに協力的なひとがいるか、などの大切な情報を聞けたでしょう。

民生委員の方に協力をお願いしていれば、自治体や、ソーシャルワーカーのネットワークを通して、地域包括センターのケアマネジャーが応援にきてくれたかもしれません。ひとり暮らしの高齢者の救出の方法は、地域でマニュアル化できていることが多いのです。

地域包括センターの職員や専門家は慣れていますから、母親を緊急保護して、ショートステイなどで身の安全を図りつつ、順さんの相談にのり、介護の方法を教えてくれたはずです。

母親が保護された場合ですが、プロの介護者が入浴させてくれ、栄養士が母親にあった食事を提供してくれ、必要なら医師の診察も手配してくれたでしょう。順さんがひとりで悪戦苦闘するよりも、お母さんにとっては、そのほうが、ずっと安心できたはずです。

こんなとき、プロがはいれば、話は次のように展開していたはずです。

1、しかるべき施設に連れていって、母親の安全を保ちつつ、ケアマネジャーと面談。
2、順さんは、相談員に、「介護と仕事を両立したい」と自分の意思を伝え、相談する。
3、母親の意思、希望を聞く。民生委員から、元気なときに、お母さんが、どんなことを話していたかといった情報をもらう。
4、具体的な介護の方法を検討する。
●介護保険を使ってしばらくひとりで自宅で暮らせるか?
●ショートステイと、週末に子供が帰宅しての介護を組み合わせ、母親が家で暮らすことが可能か。
●施設入所する場合、この地域でか、順さんの住んでいる地域でかを検討。このときに、介護保険についての説明を受け、介護保険を使うための介護認定の取り方、ケアマネジャーの決め方など具体的な手続きを教えてもらう。

ここまでやって、初めて順さんには、なにから手をつけたらいいのか、見えてきたはずです。

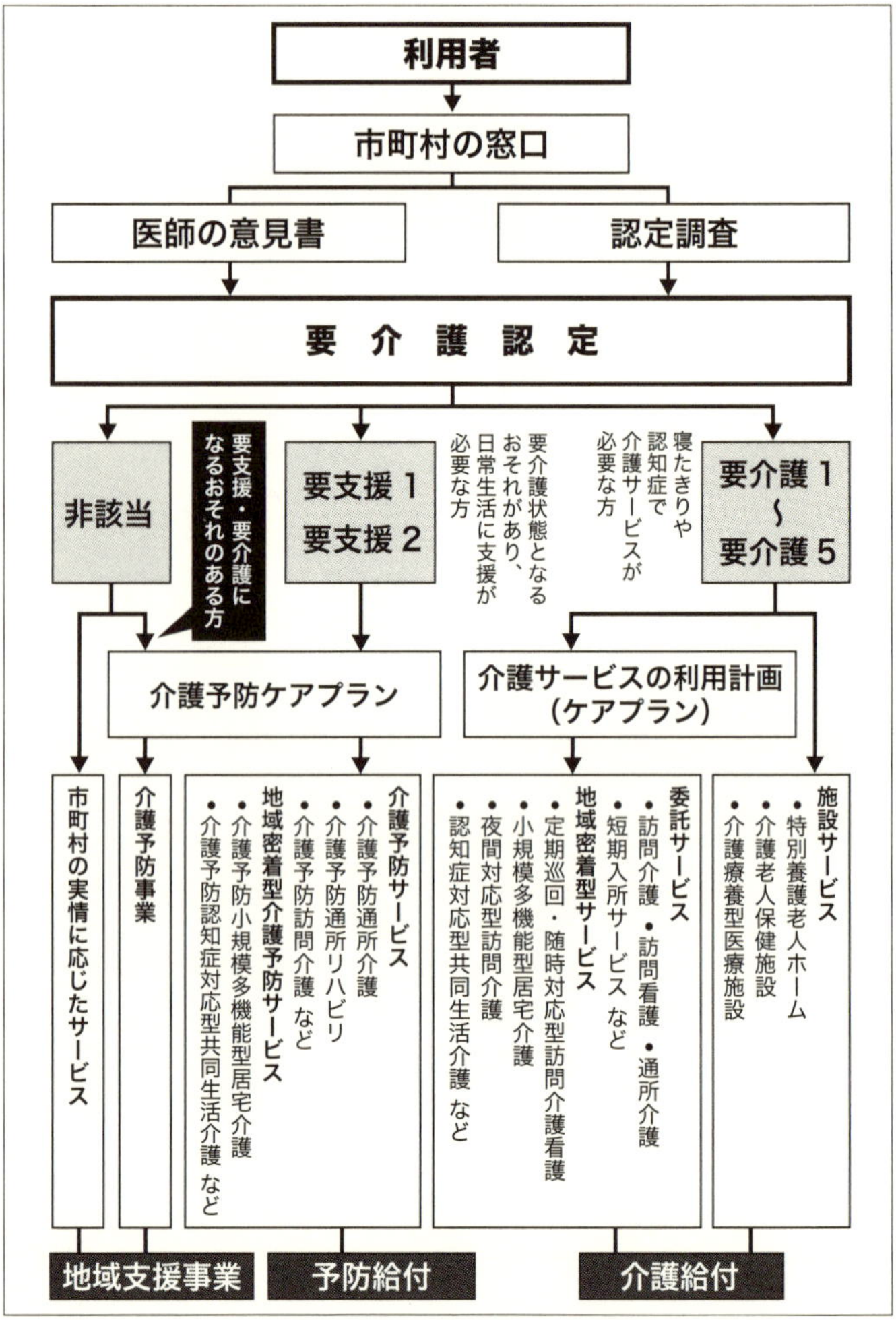

図５　介護サービス利用の手続き

出典：公的介護保険制度の現状と今後の役割（厚生労働省）

介護の最初で陥るトンネリング

順さんは、弟との衝突を後悔しつつ、介護と仕事の両立の相談をするために、私の「介護と心の相談室」にやってきました。

「この相談室は〈心〉がついていますから、それにひかれて、きてみました」

とうつむきながら話す順さん。深く傷つき、不安と焦燥感に襲われ、不眠症状も出始めていました。

母親の発症を知った日のこと、そのときの自分の気持ちを、小さな声で語ってくれました。

「なにをすればいいんだろう。まずは風呂に入れよう。でも体力がなくて貧血でも起こされたら困るから、食べさせて様子を見よう」

そう思って、冷蔵庫を開けたのですが、卵しかない。なんとか、鍋を探し出し、卵を茹でている間に、風呂場を見に行くと掃除もしていないからすぐには入れないことが、わかります。

掃除をする洗剤を探し、お母さんの着替えを探す。

その間に卵が茹であがったのですが、固茹でになってしまいました。

固茹卵を食べさせていいのか不安で、もうどうしたらいいかわからなくて、という状態でした。

叔母に応援を頼むのですが、叔母も母の様子に驚き、「どうして、こうなるまで放っておいたの」と私にあたりちらすので、よけい混乱しました。

それでも、食事、風呂、掃除、緊急の課題をこなすので精一杯な一日を過ごしました。

叔母には怒鳴られ、弟とは大喧嘩をして、心底、疲れました。

「唯一よかったことは、表情がなかった母が、夕方、インスタントのうどんを食べると、『おいしい』と笑顔になったことですかね」

次の日から母親の診察行脚が始まりました。

まずは、母親の財布から診察券を見つけだし、近くの医者にいき、「低栄養だが入院するほどではない」と告げられます。

「しばらく見えなかったが、認知症が進んでいますね」

と、主治医は言い、認知症を扱っている医師を紹介されました。

紹介された医師に予約を取り、診察を受け、そこから紹介された大きな病院でMRI検査をし、などなどして気がつけば、休暇を延ばし延ばし一週間がたっていました。

このまま、母親を置いて帰ることはできない。

叔母は足腰を痛めていて、介護も訪問もできないと言うので、知り合いの家事サービスを頼んでくれるといいますが、一日二万円と聞いて順さんやっと、

「ヘルパーさんとかよく聞くけど。どうかな？」

と聞いたそうです。

医師から「介護保険を取りなさい」と言われていたのですが、介護保険のしくみもよくわからず、ピンときていなかったのです。

「ヘルパーさん？　そういうのは役所に聞いて」

と叔母に言われ、やっと母の異常を知らせてきた民生委員に連絡しました。

民生員に教えられて地域包括センターに行きます。

地域包括センターのケアマネジャーがきてくれて、「これは大変だわ」と、ショートステイを手配してくれて、

「お食事も出るホテルみたいなところなんですけど、行きますか?」

と聞くと、母も「ええ」と素直に頷いてくれて、緊急に入所しました。

介護認定を至急に取らなくてはいけないということで、申請書類を書き、申請をし、調査の日の連絡がくるまで、順さんは職場に戻りました。

そして「介護と心の相談室」を訪れたのです。

「なんだかウロウロ、無駄に動いてばかりで、そのくせなにもできていなかったんです。介護のことだって、少しでも調べればわかったことなのに、混乱していて、それどころじゃなかったんです。自分のふがいなさに、落ち込んでしまいました」

と語る、順さん。

「大変でしたね。認知症の知識もないのに、お母様の病状を目の当たりにしてショックでしたでしょう。でも、それは危機に対する自然な反応なんです」

と、私は、順さんに説明しました。

目の前の問題をどうにかするためだけに集中すると、集中のトンネルの中に入ってしまう。すると、ほかのもっと重要なこと、大切なことをトンネルの外に押し出してしまう。

こういうときには普段の判断力や問題処理能力が低下してしまうものなのだ、と理解していることが大切なのです。

「誰でもそうなるのですから、ご自分を責めないでください」

私は、順さんに、そう話しました。

なんでこんなに混乱するの？

最近の行動経済学では、各種の実験をして、「欠乏の行動経済学」として、危機のとき、各種の能力が落ちることを証明しています。

- なぜ、介護の初動はこんなに混乱するのか？
- なぜ、打つ手が後手後手にまわってしまうのか？
- なぜ、仕事のようにスムーズにこなせないのか？

介護が始まるときの心は、初めてのことばかりで混乱している状態。自分の知っている親とは違う、表情や言動。病状を目の当たりにしたショック。あれもこれもしなきゃと押しつぶされそうな重圧。兄弟や親戚に、この状況をどう告げたらよいのかという苦しさ。仕事が続けられるか、これからどうなるのかという不安。これらのことが、いっぺんに押し寄せてくるのです。

介護に入る時期に、みなさんが、このような特有の混乱を経験します。混乱するのは、知識や経験のなさからくるパニックに加えて、トンネリング、ジャグリングと言われる不合理な行動が起こるからです。

欠乏の行動経済学とは、センディル・ムッライナタン、エルダー・シャフールが共同研究し『いつも「時間がない」あなたに』という本を出して、金銭や時間などが欠乏すると人間の処理能力や判断力が低下するということを示したもの。日本では、『学力の経済学』の著者、中室牧子慶応大学准教授が、欠乏の行動経済学を紹介しています。

中室さんが実例で説明するのは、ご自身の、スラムの調査研究での体験。

その日暮らしのスラムの人々は、毎日小さな一回分の梱包されたシャンプーを買う。

ほんのすこしお金を貯めればボトルが買え、節約にもなるのに、その行動ができない。先を見通して、合理的な判断をくだすという思考経路が働かないのです。それを解明するのが行動経済学だと説明します。

介護の始まるときも同じように、あとから考えると、刹那的に間違ったことを、いろいろしていたと気がつきます。

落ち着いていると評判のひとでも、冷静で判断を間違えないと思われているひとでも、介護のスタート時には、程度の差はあっても、必ず失敗をします。

失敗するのは介護の知識がないからですが、それだけではなく、トンネリングが起きているからともいえます。目の前の問題をどうにかするためだけに集中し、外を見られないトンネル状態が続くと、やがてジャグリングが起こるのです。

これが怖い。

ジャグリングは玉やピンを次から次へと投げあげる大道芸で、ジャグリング状態とは、一つ解決してもすぐに目の前に危機が現れ、とにかく危機を回避するために、玉を投げ続けなくてはならないありさまのことです。

たとえばお金の問題が目の前にふってくれれば、高利貸しから借金して、切り抜けようとする。それを繰り返しているうちに、いつしか借金が膨れあがり、追い詰められていくのに、それでも、高利貸しからお金を借りてその場をしのぐ。

いつまでたっても、未来が見えないのです。

これと同じことが、介護でも起こり得ます。トンネルに入り、ジャグリングが起こり……しばらくは回っていくけど、追い詰められていき、問題の解決にならない、「離職」という玉を投げてしまう。

離職して、何ヶ月かたって、「しまった」、「おかしい。離職したのにラクにならない」と気付いても遅いのです。

介護離職をする心理や行動を解き明かすのに、欠乏の行動経済学は、ひとつの理論を提供してくれます。

介護の初めに、不合理な行動を取りやすいわけが、わかりましたか？

介護はそれまでのスキルでは乗り切れない

仕事をしているあなたは、寸暇を惜しんで、テキパキと仕事をこなし、仕事先でも堂々と交渉しているでしょう。

周囲の人たちに愛されるようなひとでありたいけど、弱味は見せたくないと思っているでしょう。

たいていのひとは、そうやって弱味を隠して生きています。

しかし、介護が始まるとなると、「介護だって、これまでの自分のスキルで乗り切れるはずだ」という思い込みや自信が、かえって邪魔になります。

虚心に情報収集して相談する。これが一番なのです。

いよいよ介護かなと思ったら、躊躇せず、会社（介護の研修を受けている上司、人事部、総務部など）や、会社と連携している相談室、介護者対応の専門知識を持っているカウンセラー、地域包括支援センター、介護の経験者（家族会も有効）、介護カフェや介護者支援団体などで相談を受け付けている専門家に「助けて」コールをするのが最大の分別と覚えておいてください。

どうしてかというと、介護も介護保険も、経験し、学習し、失敗も含めて慣れていかないと、「上っ面の理解」のまま、介護を続けることになってしまうからです。

上っ面でない、経験して初めて感じる「腑に落ちる理解」とは、心や身体感覚が、自分で介護をしていて、「あ、これだな、これが正しいんだな!」と直感し納得するという微妙な感覚です。

この「腑に落ちる」感覚を経験するのは、たとえばこんなときです。

尿失禁が多くなってきた時、オムツなんて嫌だろうなと「尿モレ対応のパンツ」を購入し、履かせても、結局洗濯が大変で介護の負担は減らない。

しかし、デイサービス先で尿失禁があって、オムツを履いて帰ってきたら、案外本人は快適そうだし、すんなり紙オムツに慣れてしまった……。

最近の紙オムツは多種多様で、その人に合うものに出会えれば、本人も快適ということは十分にあり得ます。さらに「福祉用具のオムツ宅配サービス」と「自治体の補助金利用」で、パンツ洗いから解放されて更に衛生的になった！

そんな感覚を積み重ねて、だんだんと「腑に落ちる理解」へと到達していくのです

介護に「腑に落ちる理解」が訪れると、介護するひと、されるひと、両方がラクにな

り、完全に治ることはかなわなくても、病気の進行を止めたり、穏やかな状態にもって

いくことができます。

しかし現実に介護に向かうときは、わからないまま走り出すしかない。

ですから、介護の初期の場面で、プロの知恵を借りないと、両立への「ボタンをかけ

違え」やすいのです。

とりあえず、介護への「理解が上っ面」になってしまった場合の、デメリットをあげ

ます。

- 自分と介護するひとを傷つける
- 自分のメンタルが疲弊する
- 家族や親戚の協力を得られなかったり仲違いしがち

●介護と仕事の両立に必要な、介護保険を利用するチームケアが、成立しづらい

「腑に落ちる理解」こそが、介護を充実させるカギになるのです。

「助けて」メリット

介護の滑り出しで「助けて」と相談することは、「腑に落ちる理解」のために、第一歩を踏み出したことになります。

「助けて」メリットとは？

「理解が上っ面」の反対です。

●自分と介護する家族を傷つけない

●介護と仕事のバランスを取りながら、キャリアプランを実現できる

●介護する四人に一人がうつ病になるが、孤立や考えの偏りが起こらず、うつになりにくい

- ●介護プランを理路整然と伝えることで、家族や親戚の協力を得やすくなる
- ●介護に携わるケアマネジャー、ヘルパーほか介護チームと情報共有することで、チーム意識ができ、よい介護ができる

よくある失敗は、介護経験のない親戚、親しい友人などに相談して、違う情報をもらって混乱したり、「引き取るべきよ」「仕事より介護のほうが大切」などというアドバイスで傷ついたりするということです。最初から混乱すると「ボタンをかけ違い」やすくなるので気をつけましょう。

何度でも言います。最初は専門家に相談することが肝心です。

まず、会社や専門家に相談して、ざっくりと、仕事と介護の両立プランを想定します。

次に地域包括支援センターに行き、実際の介護態勢の相談をする。

地域包括支援センターは、中学校区に一つあります。

要介護者の住む地域をネットで打ち込み、地域包括支援センターと打ち込めば出てきます。電話で予約して要介護者のいる地域のセンターに相談にいくのが基本。または電

話で、要介護者の住む地域の役所に尋ねれば、すぐにわかります。

センターには、保健師、介護福祉士、主任ケアマネジャーなど専門職が配置されていて、必要な医療機関、ケアマネジャー、居宅介護支援事務所などを紹介してくれ、介護認定の取り方も細かく教えてくれます。

医療と介護の連動の仕組みや、その地域独自の「見守り訪問」「緊急通報システム」「オムツ代補助」などのあるなしも教えてくれます。

介護保険のサービスは地方自治体によって細かいところが違います。

地域包括支援センターでは、介護保険で使えるサービスはもちろんのこと、地方自治体独自のサービス、ボランティア団体、自費の介護サービス（有償在宅福祉サービス）の案内もしてくれます。

つまりは、介護の情報のすべてが集まっていて、個々の介護のマネジメントをしてくれるのです。

ケアハラを無くすために

もし、あなたが、介護に直面して、「親の入院なんで遅刻します」、あるいは「早退させてください」と電話したとします。

それに対して、上司から、

「えーっ！ 奥さんに頼めばいいじゃない。困るよ」

「介護保険でそういうのあるんじゃないの？」

「会社と介護とどっちが大切なの？」

などと言われたらどうしますか？

かなり困りますよね。

「介護休業だって？ 困るなあ。迷惑なんだよ」

上司から迷惑だと言われたなら、仕事を辞めた方がいいのか？ と感じるほどショックを受けると思います。

しかし、それも過去の話になります。なぜなら、二〇一七年から、育児・介護休業法に、ケアハラ防止措置義務も盛り込まれたからです。

介護休業を理由とする嫌がらせ等の防止措置の義務付け（厚生労働省）

育児休業・介護休業等を理由とする、上司・同僚による就業環境を害する行為を防止するための措置を講じなければならない

- 事業主の方針の明確化とその周知・啓発
- 相談（苦情を含む）に応じ、適切に対応するための必要な体制の整備
- 事後の迅速かつ適切な対応
- ハラスメントの原因や背景となる要因を解消するための措置

としてケアハラ防止は、事業主の責任となるのです。

もしあなたがケアハラを受けたなら、いまは過渡期だと柳に雪折れなしで、無視しましょう。

ケアハラが起こるのは、我が身には起こってほしくない嫌悪と、どう対処していいかわからない戸惑いによる不安からの「排他行動」です。

ですからケアハラ防止は、まず社員全員が、「わかること」「わかろうとすること」から始めなくてはいけません。

企業としては、介護とはなにか、と社員に教育、啓発することが、第一優先事項として求められます。介護への理解なくしては、制度の利用は促されず、ケアハラも無くならず、離職も防げない。その企業に所属する社員は仕事と介護の両立はムリということになってしまいます。

企業の教育担当、社員を啓発する立場にあるかたは、是非、介護に関心を持ち、自分だったら、と想像してみてください。決して目をそらしてはいけない問題です。

啓発には講和やセミナーもいいですが、もっと柔らかく介護の映画をみてもいいし、漫画もたくさんあるので、うまく活用しましょう。

介護のドラマを見たり、読んだりしているうちに、そうだ、将来は多かれ少なかれ自分も介護される立場になるのだ、と、介護を人生の一部として捉えられるようになります。

人ごとではないと考えられたときに、意識しなくても、ケアハラスメントはなくなります。

さて、では介護した人々の実感は、はたしてどう変わるのでしょうか

家族の介護を全うされたとき、

「人間としてのキャパが広がった」

「自分の終末期までのキャリアやライフプランを立てられるようになった」

「ひとに優しくなれる。いままでの私とは違ってきた。成長できた」

「介護、医療、福祉、自治体と、さまざまな分野の人と交流できて、視野が広がった」

「時間を効率的に使う癖がつき、生活にメリハリがついた」

という肯定的な感想を言う人がほとんどです。

ご自分で心にあたたかい火をともされ、それは一生続くと感じておられます。

また、セカンドキャリアに介護経験を活かしているひともいます。

「苦労して父母を看取ったんで、子供達はなんでも好きに人生を楽しんで、と言ってくれます。麻雀教室に通って先生の資格とったんですよ」

と認知症予防カフェで麻雀を教えるかた。介護施設には、セカンドキャリアとして働く送迎ドライバー、施設の営繕、施設長などがいます。

「介護した経験がなかったら、こんなに楽しみながら働けないと思いますよ。慣れているからかな、どなたにもいいところを見つけられるんです」

と微笑む斉藤さん。

「斎藤さんは、入居者さんを受け入れてお話の相手がうまい。難しいかたの心を開いてくれるんです。介護のテクニック的なスキルとは違う、人生のスキルですね」

と、斎藤さんが働く施設の、施設長さんは言います。

介護のツボは人生のツボ。苦労が決して無駄にはならないし、なににも動じない人間力が養われます。

瞬時の判断、勇気も養われます。

ええカッコしの理屈好きは、介護下手。素直におおらかに、あるがまま、対等に、相手（要介護者）を尊重すると上手くいく……。

経験すると腑に落ちてくる人生スキル。これはセカンドキャリアへの大きな資産だと、私は思うのです。

「無駄にオムツ替えてこなかったな」

と、ご自分で納得する日がきっとくるでしょう。

そして、会社にとっても、介護と仕事を両立する人材は、いつか大きな財産になるはずです。

介護休業制度を知る

現在の介護休業制度は、改正され、以下のようになっています。非常に重要な制度ですので、ここで詳しくご紹介いたします。是非、把握しておいてください。

1、介護休業の分散取得

介護休業とは、労働者（日々雇用を除く）が要介護状態（負傷、疾病、または身体上、精神上の障害により、二週間以上の期間にわたり介護を必要とする状態）の対象家族を介護するための休業です。

対象家族　配偶者（事実婚を含む）、父母、子、配偶者の父母、祖父母、兄弟姉妹、孫。

取得日数　介護を必要とする家族（対象家族）ひとりにつき、通算九三日まで、三回を上限として介護休業を分割して取得可能。

2、介護休暇の取得単位の柔軟化

介護休暇とは、要介護状態にある対象家族の介護そのほかの世話を行う労働者（日々雇用を除く）は一年に五日（対象家族が二人以上の場合は一〇日）まで、介護そのほかの世話を行うための取得が可能。

取得単　半日（所定労働時間の2分の1）単位での取得が可能。

3、介護のための労働時間の短縮

事業主は要介護状態にある対象家族の介護をする労働者に関して、対象家族ひとりにつき以下のうち、いずれかの措置を選択して講じなければならない、とされています。

①所定労働時間の短縮措置
②フレックスタイム制度
③始業・終業時間の繰上げ、繰下げ

④労働者が利用する介護サービス費用の助成、そのほかこれに準じる制度

4、残業の免除

対象家族ひとりにつき、介護の必要がなくなるまで、残業の免除が受けられる制度ができました。

区分	心身の状態
自立	介護保険によるサービスは受けられないが、保険・福祉サービスを利用できる
要支援1 要支援2	食事や排泄などは自分でできるが、日常生活の一部に介助が必要
要介護1	歩行や立ち上がりが不安定。入浴など日常生活の一部に介助が必要。
要介護2	歩行や立ち上がりが困難。日常生活全般に部分的な介助が必要。
要介護3	歩行や立ち上がりができないことがある。食事や排泄など日常生活全般に介助が必要。
要介護4	歩行や立ち上がりが殆どできない。理解力の低下。日常生活すべてに介助が必要。
要介護5	歩行や立ち上がりができない。理解力の低下。介護なしでは生活ができない。

図6　要支援・要介護認定区分の心身の状態
出典：厚生労働省

3章

介護が必要なのは親だけではない

増える高次脳機能障害や半身まひ

介護の対象者は、高齢者だけではありません。医療の発達により、これまでは難しかった脳の重い損傷から回復できるようになりましたが、その一面で四〇代からの、後遺症によるマヒや高次脳機能障害が増えています。

高次脳機能障害とは、各種の脳出血や脳梗塞、事故などで脳が障害されて、

失語　発声、聴覚は正常なのに、言葉が出てこない、理解できない。

失行　手足は動くのに、適切な行動（挨拶・手招きなど）ができない。

失認　感覚的には感知できるが、それが何であるかを判断できない。

実行機能障害　ことわざの意味が説明できない。言葉の概念が言い表せない。計画の実行がうまくできない。

という障がいが残ることです。

高次脳機能障害は脳の損傷の程度により機能障害のありかたは違います。事故当時は言葉も出なかったのに、三年で職場復帰したかたもいれば、生涯介護が必要になるかたもいて、状態が固定し、介護態勢が確立する病後一、二年まで、介護する家族はかなりの心の負担を強いられます。

四〇代、五〇代の子育てが終わっていない家庭では、パートナーの介護と、自分の仕事の両立に向けて、努力しなければなりません。

高次脳機能障害になったのが、兄弟や親戚でも、介護するひとがいないときは、誰かが、介護の態勢づくりをしなければならないでしょう。

高次脳機能障害は「特定疾患」となるので、四〇歳から介護保険を使えます。

高次脳機能障害は、医療と介護、精神障害と分かれている保障制度を、最大限に連携し、介護態勢をつくっていきます。

夫が脳出血で倒れた圭さんの場合

圭さん（四七歳）の夫（四九歳）は、突然職場で倒れ救急車で運ばれました。脳出血という診断で緊急手術が行われました。

麻酔から覚めると医師がきて、

「お名前を言ってください」

夫は呆然としたまま、言葉が出ません。

「思い出せませんか？」

「あう（はい）」

夫は言葉にならない声を出しました。

圭さんは、ショックを受けました。自分の名前もわからないなんて、夫はどうなってしまったのだろう……。衝撃で立っているのがやっとだったと語ります。

医師は、体にはマヒは残っていないが、脳細胞が害されて高次脳機能障害となっている。いまは、記憶が障害されているが、改善していくだろうと説明し、手術後、三ヶ月、そして六ヶ月ごとに目標を立ててリハビリすることが、なにより大切だと言いました。時期を逸すると、脳の神経ネットワークが固定してしまい、あまりリハビリの効果が上がらなくなる、というのです。

リハビリは、専門家の指導による「ドリル」など。できるだけ多くこなした方ほうがよいので、家族の協力も必要と言われ、圭さんは責任の重さにもおしつぶされそうな思いでした。

手術の翌日から、手足を動かすリハビリ、言語のリハビリが開始されました。

夫はすぐに疲れて眠ってしまいます。

三日目にやっと、目の光が戻り、自分や家族の名前を言えるようになって、ホッとしましたが、「えい（圭）」「た〜し（正）」というようにロレツは回りません。

小学校の国語のドリルで言語のリハビリが始まると、体の調子を見計らいながら、空いている時間もリハビリをするように、夫を励ましました。

夫は思ったように体が動かないことや、圭さんの言っていることの意味を理解するのもエネルギーがいり、すぐ疲れてしまいます。

眠ると圭さんは夫の手足を、血行を良くして脳に血液が行くようにマッサージ。

無我夢中の初期リハビリがすぎ、リハビリ病院に転院することになりました。

そこで圭さんは会社に相談し、介護と心の相談室を来訪されたのです。

高次脳機能障害は「特定疾患」のなかに分類され、六五歳以下でも介護保険が使えます。圭さんは病院のソーシャルワーカーのすすめもあり、介護保険の申請をして、入院中に審査を受け、夫は介護度4とされました。

「夫は研究所に勤める専門職です。医師はそのひとが一番馴染んだことをして、記憶を呼び起こし、執行や失認の回復にトライしていくのが、脳全体の回復にも速道と言います。見舞いにきてくれた同僚に伝えると、職場でリハビリできることになったのです。でも夫はひとりでは、職場に行けません」

と圭さんは語り、私は、

「職場の理解があってよかったですね。しばらくは、ご主人に付き添って、職場に通ってみるのですね。ところで、圭さんの介護休業が終わったら、どうされますか?」

と尋ねました。

「いまはリハビリ集中の大切な時期なので、夫を手伝うために、介護休業、有給を組み合わせて、すべてを使いたいです。そうですねえ、それからはどうしましょう。そのときの夫の状態で、考えたいです」

と圭さん。

「圭さんの仕事は社内報制作がおもな仕事とおっしゃっていましたね。在宅でできないか、会社と相談してみたらどうでしょう」

とアドバイスすると、

「できるかも……。だいたいの仕事は在宅でも可能です。インタビューがあるのですが、それは外注しよう、という話も出ていましたし」

それから一月、圭さんは夫について、研究室に午前中通いました。同僚がついてくれて夫に聞きます。

「これなんだっけ？」

「シーケンサー」

と夫は答えます。

聞き取りにくいにせよ、機械の名前を正確に答えたのです。それから午前中、二時間、夫は職場に行き、簡単な実験や、道具の洗浄などをして過ごすようになりました。机もそのまま使えます。

同僚は、必要な援助はしますが、自由にさせてくれます。

最初は帰ると疲れてぐったりしていましたが、次第に自宅でも、国語ドリルにも取り組むようになりました。

職場復帰したいという強い意欲が目覚めたのです。

いっぽう圭さんは、頻尿になった夫のトイレ介護などで次第に疲労していきました。なにより辛いのは、言葉がうまく出ない夫が、イライラして自分の殻に閉じこもることでした。

ふたりの娘はまだ、高校生と中学生。圭さんが仕事を辞めるわけにはいきません。

介護者の心のケアも大切

相談室にきた圭さんは、自分が難聴になってしまったと訴えます。

「夫がなにか、訴えるんですが、なにを要求しているか、わからないんです。それが辛くて。ワタシ、なにも聴きたくないから難聴になっちゃったのかも……」

と、遠くを見つめます。

なんでも相談してきたパートナーだったという夫だけに、圭さんの心のショックも、ストレスも自分で感じるより、大きかったのです。

圭さんの気持ちを受け止めながら、聴きます。

娘が進学に悩みだしたことなどを語るうちに、圭さんは次第に、まずは自分の難聴を治さなければという気持ちになりました。

「まずは睡眠をとることですね」

というと、しばらく考えていましたが、ショートステイを利用する決意を固めてくれました。

夫の職場でのリハビリは、夫の同僚がショートステイ先に迎えにきてくれ、帰りはタクシーでまたショートステイ先に帰るという方法をとり、圭さんは四日の自由な時間を確保し、会社と交渉することができました。

会社との交渉で、在宅勤務で社内報を作ることができるようになり、ホッとしました。

職場でのリハビリ、自宅でのドリルでのリハビリを頑張り、夫は驚きの速さで、回復しています。それでも日々、さまざまな困難や悩みが起こります。

「相談室で話すと、またエネルギーが湧くのです。夫に留守番させて、ここにきてお話しして、ひとりでお茶して買い物するのが、いまの一番の楽しみです」

と圭さんは、相談室に通ってきてくれます。

圭さんのように配偶者やパートナーが要介護者になると介護の期間が長くなることも考えられます。

また、自分の人生を共に歩むと決めた相手ですから、介護も自分がすべて引き受けるのが当然と考えがちです。親と違う感情が伴うのは当然ですが、介護疲れが酷くなり共倒れになってはお互いが不幸になる、そのことを常に頭に入れておきましょう。

親が子の不幸を望まないように、配偶者やパートナーも、相手の不幸は望まないのですから、どのように生きるかよく考えて、各種のサービスを利用していきましょう。

介護保険と精神障害者手帳を組み合わせる

さて、特定疾患の場合、介護保険で、ホームヘルプや住宅改修、デイサービスや入所施設などを利用することができます。

介護サービスは、障害者福祉サービスに優先されますが、自立訓練や就労移行支援など介護保険にないサービスについては、障害者福祉サービスを利用することができます。

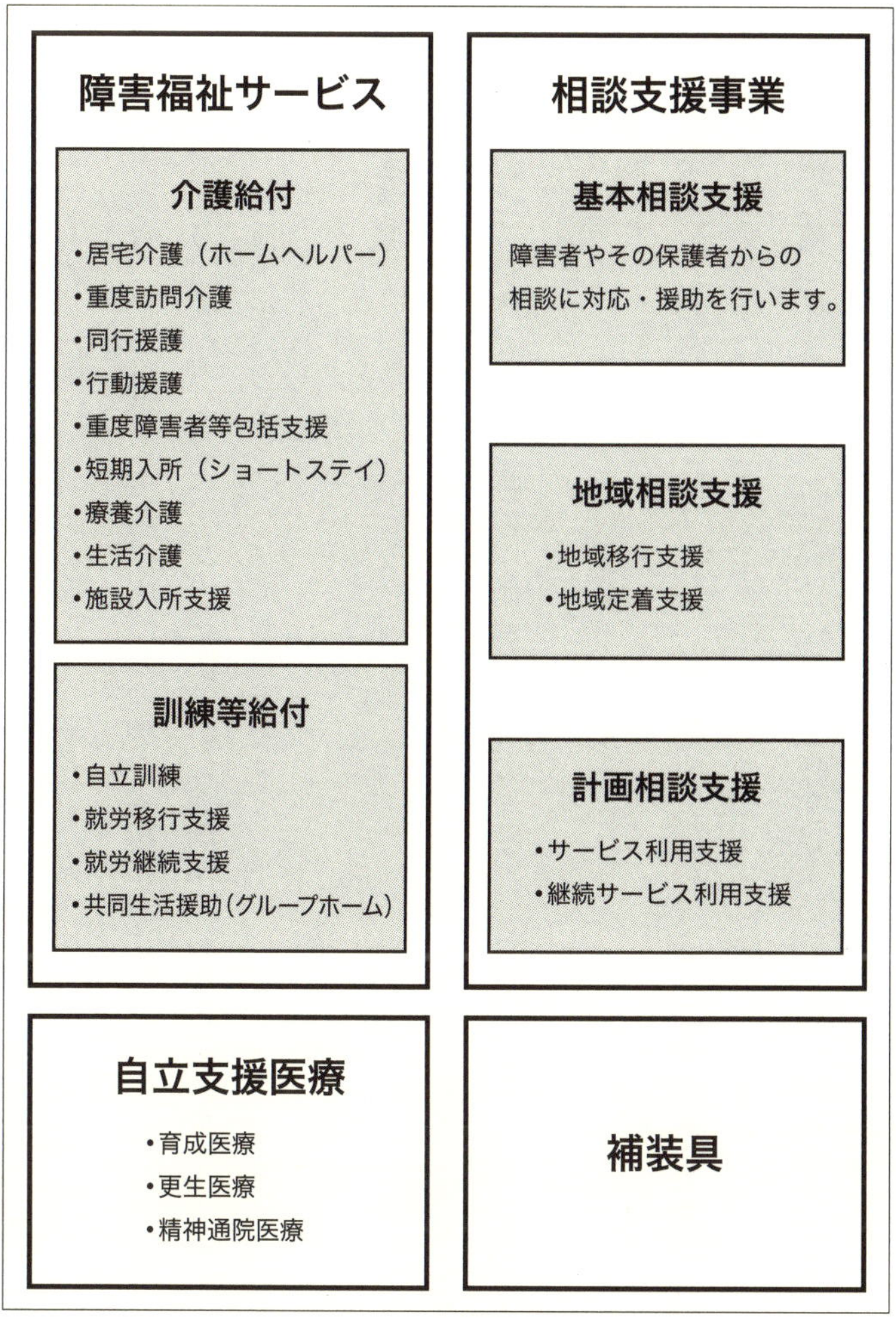
障害福祉サービス
介護給付
・居宅介護（ホームヘルパー）
・重度訪問介護
・同行援護
・行動援護
・重度障害者等包括支援
・短期入所（ショートステイ）
・療養介護
・生活介護
・施設入所支援
訓練等給付
・自立訓練
・就労移行支援
・就労継続支援
・共同生活援助（グループホーム）
相談支援事業
基本相談支援
障害者やその保護者からの
相談に対応・援助を行います。
地域相談支援
・地域移行支援
・地域定着支援
計画相談支援
・サービス利用支援
・継続サービス利用支援
自立支援医療
・育成医療
・更生医療
・精神通院医療
補装具

図7　自立支援給付
出典：LITALICO発達ナビ

圭さんの場合、医療と介護保険、各種の障害者手帳などを組み合わせて、夫の介護体制をつくり、自分の仕事も続けています。

圭さんの場合、夫の職場の上司、同僚の理解と支援が大きな支えになっています。

また、本人の回復へのモチベーションがいかに大切か、わかる事例です。

ここで、各種手帳のことを紹介しておきましょう。

身体障害者手帳

手足の麻痺や音声・言語障害があり、厚生労働省の定めた身体障害者程度等級表に該当する場合に、身体障害者手帳の申請対象となります。

障害者手帳

各種税金や公共料金等の控除や減免、公営住宅入居の優遇、障害者法定雇用率適用等のサービスを受けられます。また、障害福祉サービスを利用することもできます。

身体症状と精神症状を併せもつ場合には、二種類以上の障害者手帳を申請することができます。

精神障害者保健福祉手帳

高次脳機能障害によって日常生活や社会生活に制約があると診断されれば「器質性精神障害」として、精神障害者保健福祉手帳の申請対象になります。
申請時に必要な診断書を記載するのは、精神科医である必要はなく、リハビリテーション医や神経内科医、脳神経外科医等も可能です。高次脳機能障害の主要症状と日常生活への影響や困っている点について具体的に記載してあることが重要です。診断書は初診日から6か月以上を経てから作成してもらい、作成日から三ヶ月以内に申請する必要があります。

いつ、どんなときでも、配偶者が介護を必要とする状況になる可能性は、あります。そんなときのために、介護保険だけでなく、各種の医療制度を知っておくと、心強い備えになります。

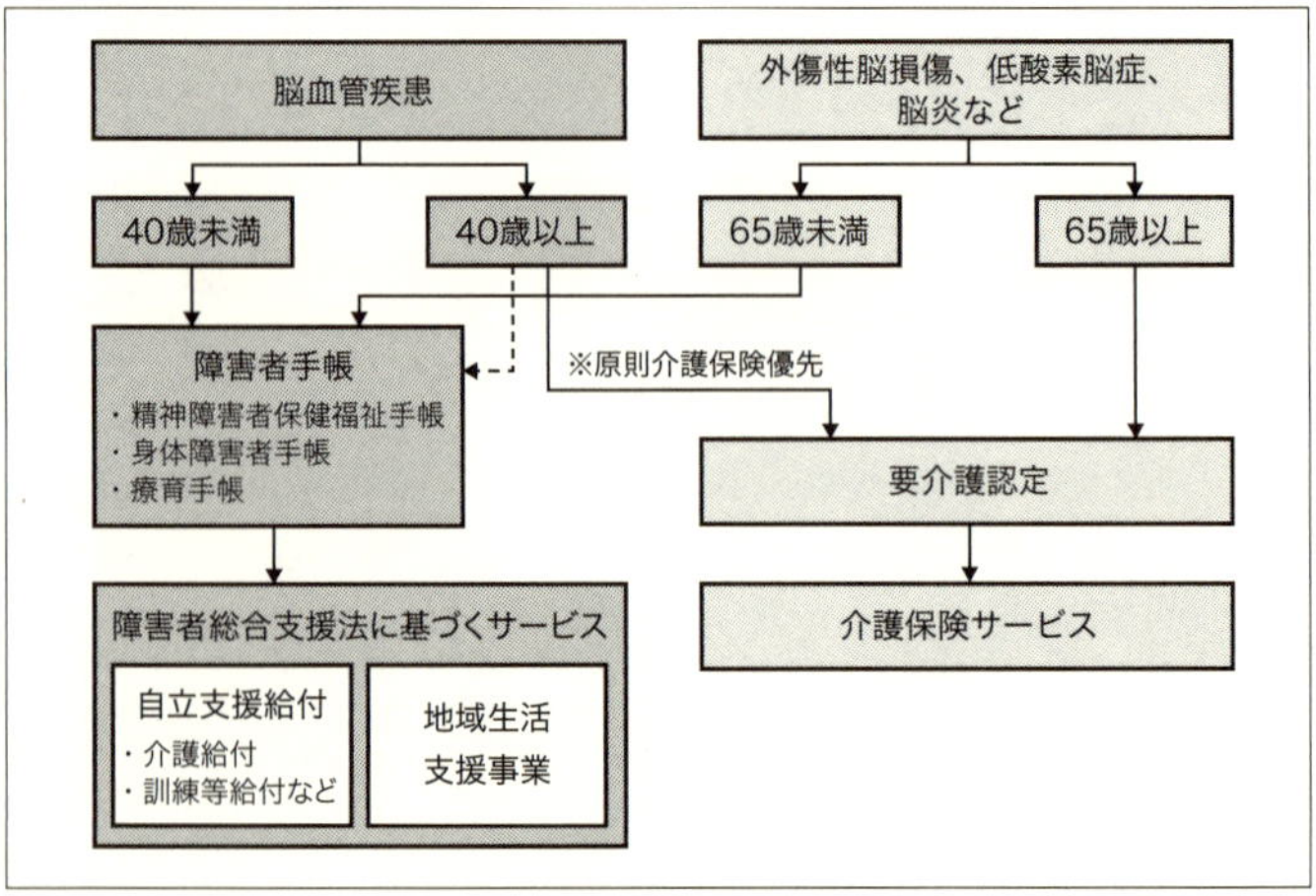

図８　障害者認定と要介護認定
出典：厚生労働省

4章

「両立介護」のマネジメント

介護を可能にする四つのマネジメント

介護が目の前に迫ったのなら、まず介護者である自分を取り巻く環境のマメネジメントが必要になります。

マネジメントする領域は、**「家族・親族」**、**「会社・職場」**、**「行政・地域」**、**「医療・介護」**の四つです。これを図式化して、項目ごとに、「出来ていること」「やること」を書き出していくと、環境のマネジメントが可能になります。

「やること」とは、調査すること・交渉すること・実行することを入れます。また、「やること」には期日と誰がやるのかも記入。

整理していくと客観的に冷静に物事が見えてきて、不足や、やるべきことの順序もわかってきます。

また、この環境マネジメントは介護初動にも大切ですが、時の経過により介護をする人の変化や要介護者の様態変化があったときにも、その都度整理し、マネジメントしていきましょう。

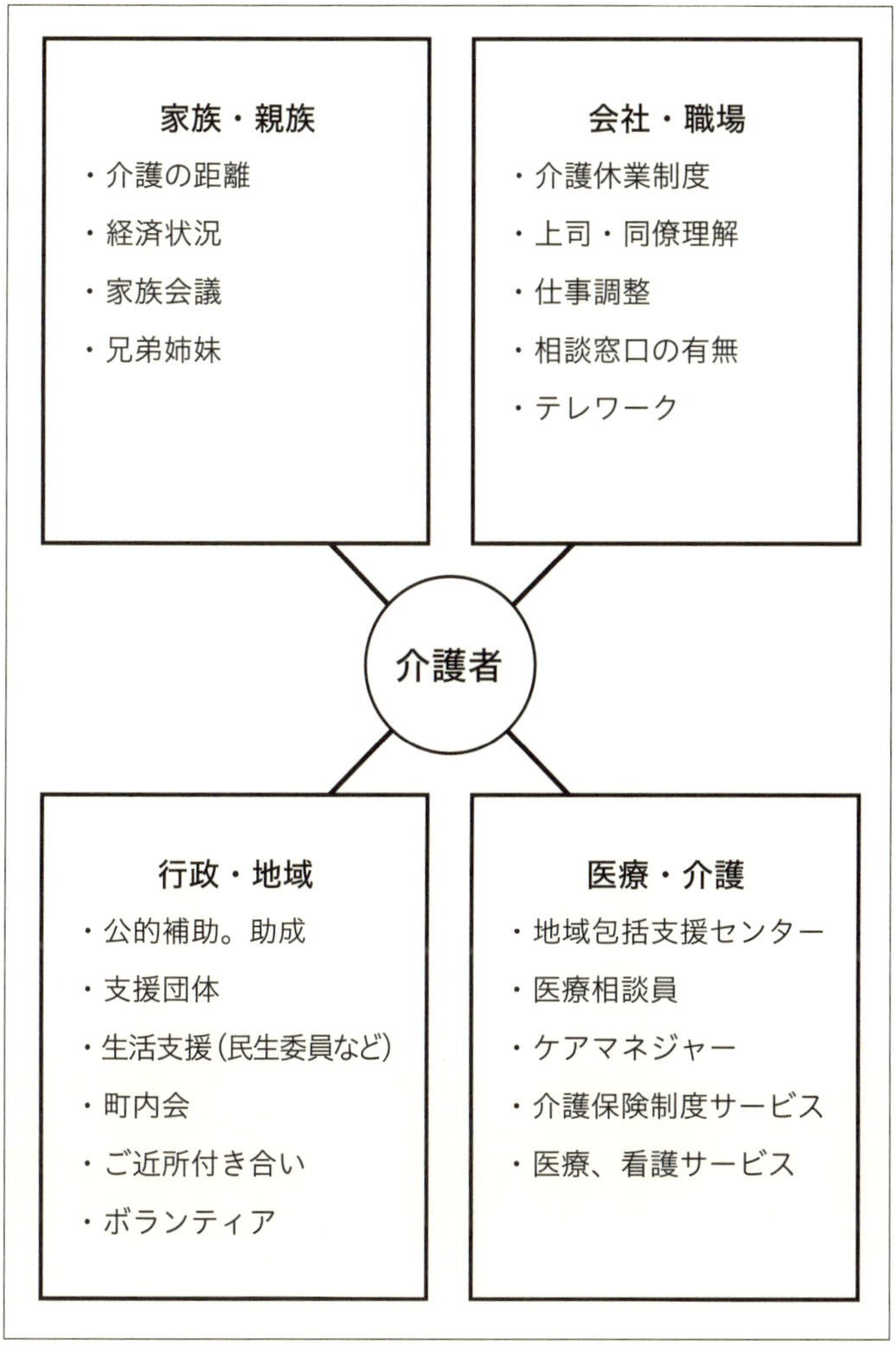

図９　介護者は各環境をマネジメントする力が必要

例えば、自分が妹の介護のキーパーソンだったが、妹の子供が成人したので介護のキーパーソンを変わってもらいサポートの立場になるときや、要介護者が在宅介護が難しくなってきて施設入居を考え始めたとき。終末期に近くなったときなど、介護が長くなってくると変化は常についてくるものです。

介護が始まらなくても四〇歳を超えたらシミュレーションしておくと、いざという時にパニックにならずに済みます。

キャリアプランを立て介護に組み込んだ雅美さん

「父親が、迷子になって警察に保護されて」と東京から名古屋に駆けつけた雅美さん(四九歳)。雅美さんは、夫と離婚してからひとり暮らしで、家族は父と雅美さんのみです。

警察に行くと、そわそわと落ち着かない目つきの父親に出会います。かつては小料理店の板さんとしてハツラツと働いていたのに、その変わりようにびっくりした雅美さん。ほうってはおけない、と会社に休業届けを出して帰郷しようとしました。

雅美さんの上司は介護が始まったことを察し、「彼女はクレーム処理のベテランで、いつもは冷静に対処するひとだが、介護となると心配だ」と私に語ります。その上司のすすめもあり、帰郷前に雅美さんは相談室にきました。

聞くと母親の死後、ひとり暮らしの父親は、昼間は六軒先の豆腐屋さんで店番をして、ときどき近所のグループホーム（認知症対応型共同生活介護）で料理を手伝い、夕食を食べてマンションに帰るという、活動的で充実した毎日だったと言います。

「素晴らしい環境ですね。お父さんの希望、正美さんの希望、四つの環境を整理してどのような介護をしていくか考えましょう」

雅美さんに、四つの環境整理を説明し、やること、自分の望み、そして自分のキャリアプラン書き出して、整理しました。

「家族・親族」「会社・職場」「行政・地域」「医療・介護」の四面に書き込みます。

雅美さんは「後輩を育てたい、だが父親も独居なので心配」と、家族と会社の間に書きました。

キャリアプランは、クレーム処理担当の後輩を育て、マニュアルを作り、いずれはクレーム処理、交渉術の専門家として、指導したりして活躍したいということ。

キャリアプランを立て、問題点を整理したところで、雅美さんは介護休暇と有給休暇を利用して一週間の休みをとりました。

地元の地域包括センターで介護認定の手続きを取り、紹介された医師の診察を受けました。

結果はアルツハイマー型認知症、その後、介護認定で要介護度は2となりました。


二週間の休みのなかで父に、話を向けると、

「俺、なんだか弱ってきたけど、東京はいやだよ。ここでこれまでの暮らしを続けたい」

と答えました。

雅美さんは父の日常につきあいました。

なじみの豆腐屋さんではちゃんと留守番ができることを知り、グループホームでは料理を手伝う父を観察。

「おいちゃん、うまいよ」

と入居者に言われ、ニコッとする父親をみて、ここが一番いいのだ、と思いました。

「お互いに独立した生活を、できるかぎりしていきたいです。父の思い通りにしてあげたい」

と語る雅美さん。

豆腐屋さん、グループホームの経営者、近所の友達にも挨拶し、認知症発症を打ち明けました。

帰った雅美さんから嬉しい報告が。

「グループホームへ入居の契約をしようと思います。基本的にはそこで過ごし、食事づくりを手伝わせてもらいます。ときどきは豆腐屋さんにも行けるそうです。マンションのお隣さんも豆腐屋さんも、父を訪ねてくれるそうです。ですので、可能なかぎり名古屋での生活を続けさせたいと思います」

雅美さんは、月のうち二回、金曜の夜から実家に帰り、父を迎えにいき、父とすごします。お隣さんや豆腐屋さんに挨拶しがてら、父の様子を聞きます。

父の得意な料理の腕を生かしてプライドを保ち、活動的で、かつ周囲の安全にも配慮するプランだと思います。

雅美さんは、遠隔介護と仕事を両立しました。

雅美さんの父は、三年目に入り、大腸がんを発症。認知症も進んでいたことから、介護休業制度を利用し、二ヶ月会社を休み、医療処置に立ち会いました。

入居していたグループホームでは看取りを行っていないことから看取りのある正美さんの近くの特別養護老人ホームに入所。

特養で職員の人とともに父を看取りました。

その後、有給休暇を使って父の遺品の整理を行いました。

その当時は介護休業制度は九三日の休みが分割して取れませんでした。

今であれば三分割で取得できますので、介護の始まった時期と様態変化の時と終末期とに分けて取得すると無理なく効率よく物事が進み、介護者の雅美さんの体力や心にももっと余裕が生まれたのだと思います。

雅美さんが、仕事をしながら、納得のいく介護ができたポイントは、

●父のありのままの生活を観察して、今後どういう暮らしを望むのか理解できたこと。

●認知症発症初期の意識が晴明なとき、いよいよ介護が必要になったとき、どういう生活をしたいのか、話し合いができたこと。
●雅美さんが早くから会社へ相談し、会社、上司、同僚の理解を得て、介護休暇、休業の取り方を活用できたこと。
●雅美さんの仕事と介護を両立させるための目標が明確になったこと。

の四点にあると思います。

介護される本人の希望を無視しない

認知症の診断が出ると、子供はよかれと思って近くに呼び寄せるのですが、本人は、環境の変化についていけず、混乱して病状が悪化することがあります。

介護拒否、暴力、暴言、徘徊などなど、介護が大変な行動が出てしまうと、家族では介護できず、施設へ入所となります。

施設も難渋して、出てくれと言われ、施設を転々として、本人も介護者もクタクタになり、気持ちがすさむばかり、ということも現実には起こります。

しかしまた、本人の意思を確認しつつ、考えうる最良の介護をしたとしても、病気の進行によって性格がガラリと変わり、一日中怒っていて、耐えられないということが襲ってくることもあるのです。

脳の変性による病は、現代の医学をもってしても窺い知れない、予測不能な面があるのも現実です。

まだまだ解明されていない認知症ですが、介護保険の実施から一八年、介護の実績が積み上げられ、

「本人の意思を尊重する」

「誇りを傷つけない」

「活動的な生活を送る」

が認知症の進行を遅らせ、穏やかな生活ができる介護だと証明されてきました。

六五歳以上で七人に一人が認知症になる時代です。

鉄の女と言われた切れ者のサッチャー首相も認知症になっていますから、発症が防ぎきれない面もあるのです。

そういう現実を見据えて、準備が必要なのです。

四〇歳になって、介護保険を支払うようになったら、親と自分の未来の準備を始めましょう。折々に親元に帰って、介護や終末期の治療の選択、遺産分割、葬式や墓などをきちんと話しましょう。

終活は親だけがすればいい、という訳ではないのです。

五、六〇代での介護を想定して、そののちの、ご自分の老後への備えについても考えてください。

介護について親と話し合いをしておくことが、超高齢化日本の、常識になってほしいものです。高齢化社会の先端を走っている日本が、世界のお手本にならないと世界中が苦しむことになります。

また、そういう世の中でない限り、いざ介護となったときに、本人の意思を尊重する介護プランは立てにくいでしょう。

テレワークで介護と看取りをした美佐子さん

相談室での、ある日の会話です。

「おかしいの、父ったらこの前、天ぷらに、甘い紅茶をかけてたんですよ」

「それって……。ほかに変わったこと、ないんですか？」

私は、認知症の初期ではないか、と疑うのですが、

「いやあ、歳をとって甘いのが好きになったから」

日常ではおかしいことはない、と否定する美佐子さん（五七歳）。

職場の人間関係での悩みに対応していたのですが、問題点を話し合って、家庭の状況を聞いたときに、このエピソードが出ました。

父は難聴だと言います。家族との会話が通じないのは耳の悪いせいと、認知症が見過ごされているのかもしれません。

認知症の初期には、周囲はなにかおかしい、と違和感を感じるのに、なぜか家族は見て見ぬふりの時期があります。

毎日、少しづつ変化していくので気がつかない側面と、親の認知症を認めたくないという、否認の心理が、家族には知らず知らずに働くからです。

美佐子さんは、二世帯住宅の一階に美佐子さんと定年退職した夫、二階に父母が暮らしています。息子は大阪で暮らしています。

そんな暮らしが一変したのは、母に末期の膵臓がんが見つかったからです。

この際、父親も受診したほうがいいと勧めると、やはり脳の萎縮があり、アルツハイマー型認知症と診断されました。

母は胆管にステントを入れる手術で入院。それ以上の治療はしない、という方針が確認されました。

すぐに両親の介護申請を勧め、会社にも報告するようにアドバイスしました。

ケアマネジャーが決まり、母は要介護4（入院中に病院で介護認定）、父は要介護2となりました。

介護申請とデイケア見学、ケアマネジャー選定、介護認定立会い。介護休暇五日で、ここまできました。

母は医療の分野は医療保険が使え、介護部分では介護用具貸与、ヘルパー派遣などが使えることになりました。

「母と父両方の介護が必要です。会社を辞めるしかないです」

「いえいえ、方法はあります。まずはお母様のお気持ちを聞き出して」

美佐子さんは、母と向き合い、何回も語り合いました。

「病院はもうたくさん。家で死にたい。でもあなたに仕事辞めてほしくない」と母。

母のがんの主治医に相談すると、在宅緩和ケア充実診療所を探しだしてくれました。

二四時間、必要なとき医師や看護師が訪問してくれ、痛みをとり、心の苦しみに対応してくれる、緩和ケアの技術がある訪問診療所です。

連携する訪問入浴のサービスも契約しました。家族はいっさい手を出さなくてよく、母を入浴させ、保湿のクリームを塗り血行を促すマッサージもしてくれます。

訪問看護師は、足湯やアロマテラピーで、体と気分をほぐしてくれました。

「ああ、気持ちいいわぁ。ありがとう」

混乱して怒りっぽくなっていた母も、病気を受け入れ、

「やはり家が一番だわ。みなに感謝しなくちゃ」

と微笑み、そして涙ぐみました。

その優しい顔をみて、美佐子さんも、

「お母さんは私が仕事を続けるため息子をみてくれて、協力してくれた。しっかりと看取ろう、仕事も続けよう」

とキーパーソン（介護の家族側の司令塔）となる覚悟ができました。

美佐子さんが介護に向かう大きな、動機付けでした。

良い動機付けがあると家族にも良い循環が起こります。


父親はデイサービスを週三回利用、ほかの日はヘルパーが家事援助、掃除、洗濯、昼食作りをしつつ、父を見守りました。

最初はデイサービスを嫌がっていた父ですが、介護職員の上手な誘いに車に乗り、慣れると次第にデイサービスを楽しみにするようになりました。

美佐子さんの夫は、デイサービスへの送り出し、迎え入れ、母の通院などに協力しました。

やがて急変が起こります。

母が転倒して、打ち身から寝たきり状態になってしまったのです。

すぐに、褥瘡予防のある高機能の介護用ベッドが運び込まれました。

訪問看護や、ヘルパーの回数を増やしてもらいました。

働き方を変えて介護に対応

ここで美佐子さんに、会社に相談し、仕事の仕方を変えることを検討するよう勧めました。

美佐子さんの仕事はテレワーク（パソコン操作をし、ネットワークでつないで会社とやりとり）でもできるので、週に一日の自宅のテレワークからはじめ、週三日まで増やしました。

一ヶ月すると、母には在宅での酸素吸入が必要になりました。医師が判断すると、その日のうちに酸素吸入の装置が運び込まれました。

ところが、父が酸素吸入の管を抜いたりするようになったので、父のデイケアやショートステイを増やしました（一部自費）。

最後の二週間の、看取りの時期は介護休業を取りました。

母の好きなものを作り、語らい、会いたい親戚と会うように計らいました。

いよいよのときは、大阪から息子も帰り、二日間、祖母を看病しました。そして家族全員で看取ることができました。

「家族とこんなに真剣に話し合ったこともなかったし、協力を頼んだこともなかったです。家族の絆が深まりました。辛いことばかりだと思ったのは間違いですね。終わってみれば『できた』という感動と達成感がジワジワひろがっていきます」

美佐子さんは、父の介護と両立しながら、定年を延長して働き続けたいと思うようになっています。

仕事にも人生にも自信がついたのです。お顔つきまで、しっかりした印象に変わられていました。

美佐子さんの場合、まず母親の希望をきちんと聞き出せたことで、最初のボタンがうまくかかりました。そして迅速な会社への相談、地域包括センターへの相談から、介護認定へとつなげ、在宅療養の態勢を整えることができました。

介護はともすれば、介護者側の苦労ばかりが語られがちですが、最初に要介護者の望みを聞き、折々に確かめるということが、介護の道筋にはとても大切です。

なぜなら、介護は要介護者に満足してもらってこそ喜びが生まれるから。

これは単純ですが、重大な真理です。

要介護者が安心し、生活に、生きる現実に喜びを見いだせる。笑顔が出る。そこから、介護のよい循環が生まれます。

介護する側のやりがいは、要介護者の笑顔に尽きます。

これは介護していて、だれもが気づく「腑に落ちる」感覚です。

美佐子さんが看取りと認知症介護と仕事の両立を続けられたのは、母親の望みを知り、在宅看取りという目標をしっかり持ったからです。

また周囲に呼びかけるのにも、母の意思、「病院はいや、自宅で死にたい」に添おう、と訴えることができ、強く家族の心を動かしました。

家族の力を結集できたことは、美佐子さんのこれからの人生で、大きな自信と支えになるでしょう。

私も辛い折々には、相談にのり、

「看取りも介護も大切な経験と考えてください」

「自分を自分でほめて」

「友達とお茶でも飲み会でもしていいんですよ。どんどん気晴らししましょう。気晴らしのために介護保険サービスを使ってください。そのことで罪悪感は持たないで。なぜなら、あなたが活き活きしている姿をお母さんやお父さんも見ていたいのですから」（レスパイトケア）

と伝えました。

葛藤のある親子の介護マネジメント

「なんで私が、大嫌いな父の介護をするの？　泣けてきます」

兄弟から介護のキーパーソンを押し付けられた智子さん（五五歳）。

いわゆるモラハラ夫だった父。父母が五〇歳で離婚してから、父はひとり暮らし。母は二年前に死去しました。父は脳梗塞で半身まひとなり、軽い認知症も発症しています。

独居の部屋で倒れたので、行政から長男のところに連絡がきました。

たまたま、父の家から一五分のところに住んでいたので、智子さんが駆けつけました。病院のソーシャルワーカーの導きで、介護認定などに進んで、大阪から長男、山梨から長女がやってきて家族会議。

「俺たちは遠いから、当面は智子が面倒みてほしい」

「父がリストラされたとき、末っ子の私が父に怒鳴られ、いじめられたのは知っているでしょ。私にはトラウマがあるからいやよ。兄さんの近くで施設に入れてください」

ところが、父は幼いときの仕打ちを忘れたように、

「智子頼むよ。家に帰してくれ」

と言って手を握り泣くのです。

「泣かれると、やはり気持ちが変わって……」

仕方なく退院してからは、ヘルパー、訪問医、給食サービスそのほか、自費のサービスも入れて、夜は智子さんが泊まり込んで介護する生活が始まり、仕事との両立の生活となりました。

父は小さなアパートを持っていて、そこからの家賃収入があるので金銭的な心配はなかったそうです。

しかし、三ヶ月で父の認知症は進み、夜、何回も起きて不穏になり、大声をあげるので、智子さんの疲労は重なっていきました。

ある夜、「おーおー」と怒鳴る父に起こされ、真っ暗な気持ちで父をトイレに連れていき介助していると、父から汚い手で触られ。

「気がついたら父を殴り突き倒していました」

と智子さんは相談室で泣きました。顔色は真っ白、仕事にも集中できないと言います。

「父が声をあげると、どす黒い怒りがわーっと湧いてきて、体が震えるんです」

「それは過去に起こった親子関係が影響しているのかもしれないですね。少し距離を置くことを考えたほうが良いでしょう」

智子さんの睡眠・食事・身体症状を聞いていくと、ほぼ毎日、熟睡することはできず二時間おきに父親から起こされています。食事は問題なし。便秘。めまい・立ち眩みが頻発。これらのことから智子さんには先ずは医療機関の受診を進めました。その結果、貧血が発見され、原因を特定するために入院することになりました。

「どうしましょう」

「あなたの人生ですよ。自分の健康が第一優先です。お兄さんとお姉さんに任せて、入院しましょう」

兄と姉は、智子さんの入院に驚いてやってきて、父の姿をみて病気の進行に驚き、やっと智子さんと父が共倒れ寸前だと気づいたのです。

そこで真剣になった兄は、近くの施設を必死に探し出し、父を移しました。

智子さんの貧血はストレスによる大腸炎で、三週間ほどして退院し、職場に復帰しました。

「しっくりいかない」ことを踏まえた対応

親子の間で消えない葛藤があり、何十年も会っていない、たまに会っていても義務的なだけで心が通じたことがない、そんな親子が介護の密室で向き合うと、要介護者、介護者両方を傷つけることが起こりがちです。

「もう怖い父親、嫌味な母親ではなく、弱い弱者なのだ」

と湧いてくる怒りの感情やイライラを我慢していますが、ちょっとした拍子でプチっと切れて、要介護者に暴力をふるってしまう。そのあと、ひどい罪悪感に悩み、うつ状態に、という負の循環が起こることがあるのです。

- いつまで続くのか終わりが見えない
- 守ってくれるはずの親の変化、ときに罵声に心が傷つく
- 常に親を心配していて、気が休まらない
- はっきりしたねぎらいも得られない。たまに微笑むのがご褒美ぐらい
- 苦労しても、親戚や兄弟からの批判に晒されることもある

と、厳しい側面があるのが認知症介護です。

過去とてもよい関係の親子でも、

「あなた、私の財布盗んだでしょ」

と言われて、冷静でいられる子がいるはずがないのです。

ご自慢の高価なカーペットの上に排泄をされて、「えっ、なにしてるのっ！」と叫ば

ない人もいないでしょう。

そこをなんとかやっていくのです。

介護になると隠れていた感情的な問題点が吹き出してきたり、お互いのすれ違いから喧嘩になることもしばしば。

そんなときは、その場を離れて落ち着くまで深呼吸、あるいは散歩して感情を散らしましょう。

「病気だからしょうがない」

と心の調子を整えることで、怒りやイライラに次第に慣れていき、プチっと切れることも無くなっていきます。

ですが智子さんのように、幼少期に精神的虐待を受けて育った場合、切り替えが難しく、心の傷が蘇って、「頭が真っ白」とでもいう谷間に落ちて、相手と自分を傷つけることがあるのです。

親子の葛藤が大きいときはかかわりを最小限に

親と子の問題が大きいときは、ケアマネジャー、ソーシャルワーカー、精神科医などに隠さずに告げて、相談しましょう。

親との接触が少ない施設介護などを選択して、子供は見守りや介護の司令塔だけに徹するのです。

これも立派な介護です。

こういう場合はクールに、ご自分と親をどう守るかを考えて行動してください。

とにかく、自分を大切に考える、それでなくては、弱っているひとを守れるはずがないのです。

5章

家族のマネジメント

自分ファーストになれず体を壊した美奈さん

父親が認知症で介護が必要になったとき、起業して成功している姉（五七歳）から、「あなたは留学させてもらったのに、いまだにピアノ教師。つまりはフリーターでしょ。ずっと父の家にパラサイトしてたんだから、仕事をセーブして介護に専念して」と、押し付けられ、父を介護しだした美奈さん（五四歳）。

美奈さんとしては、父の家でピアノ教室を開いているのは、老いた父に料理を作ってあげるためで、パラサイトしている意識はなかったのです。父の面倒をみてきたのだから、家も残してもらえると思っていました。

介護を引き受けたのも、父は自分の料理しか食べないし、父を一番理解しているのは自分だから、と思ったからでした。

しかし、一人で介護するうちに、パニック障害（不安から突然息苦しさ、強い動悸で死んでしまうのではという不安に襲われるが、一〇分もするとおさまる）になってしまいます。

美奈さんが介護できなくなると、姉は父を遠い施設に預けてしまいました。

そこで姉と妹は喧嘩別れ。

入居後三ヶ月で、父が心臓発作であっけなく亡くなると、美奈さんは、施設に入れたので悪くなったのだ、孤独のなかで死なせたのだと自分を責めてしまい、うつ病に。

遺産相続で姉は施設の費用を出したのだから家を半々に相続したいと言い出し、家庭裁判所での骨肉の争いになりました。

美奈さんは絶望的な気持ちになりましたが、このままでは自分がダメになると、ある介護者の家族の会に行き、そこで同じような境遇にあった人に慰められ、ほかの人からは、ある精神療法の勉強会を紹介されました。

そこの「あるがまま」という理念に惹かれ、参加するうちに、生きる気力を取り戻しました。

裁判になると、姉も資金繰りで苦労していることがわかりました。

美奈さんは国民年金しかなく老後が不安です。

このさきも、父の家に住み、長年の生徒さんがいる地域でピアノ教師をすることが生きる糧となります。

そこで、姉に、父の預金と自分の貯金の一部を渡すことを決意し、代理人の弁護士に、和解交渉を頼みました。

姉は事業を立て直すために和解に応じ、美奈さんは家を相続することができました。

美奈さんの悲劇は、珍しいことではありません。家庭裁判所がパンクするほど多くの、介護、相続の兄弟姉妹間の争いが起こっています。

家族のマネジメント1　親戚・兄弟とのすれ違い

両立に向けた家族のマネジメントで一番大切なことは、本来協力しあう兄弟姉妹間の対立を防ぐことです。

兄弟姉妹間の対立の原因は、

- 最初に家族会議がうまくいかなかった
- 自分だけに情報が隠されているのではないかという疑念
- ほかの兄弟姉妹が介護の実態を理解していない

- 介護のお金に関しての疑心暗鬼
- 善意でアドバイスしたのにキーパーソンに怒られた
- 兄弟姉妹の配偶者が、不満を言ったり、非協力的

などで感情のすれ違いが昂じることです。

介護中に近親間で争いがあると、介護者がいつもストレスを抱えることになり、介護もうまくはいきません。

実は兄弟姉妹、親戚から投げかけられた言葉が一番きついのです。愛があるはずの、家族や親戚ゆえに心をえぐります。

「介護している母を見て、『あら、また痩せたわね』と言う、叔母。その言葉がつねに頭から離れず、辛くて」

「通帳を見せてよ、と言われたのが悔しくて悔しくて」

「介護は善意でやるもんだから、それにかかった費用は払わないと言われた。長年の交通費だけでも一〇〇万は超えているのに」

これらは、「親戚ハラスメント」ともいえるひと言です。

介護のアドバイスは、どんなものでも、介護者にとっては批判されていると取られがち。ちゃんと介護していないのでは、と疑われたと傷つくのです。

「通帳を見せて」は、介護をいいことに親の財産を自由にしている、と人格を疑われたことになります。

介護によって、心身とも疲れている介護者は、第二の患者と呼ばれるほど弱っているのです。

キーパーソンの周囲の人は、「よくやっているね」「ありがとう」と感謝か、いたわりの言葉しかかけないようにすべき、と言う心理学者もいます。

多少のすれ違いなら、話し合いで解消することもできますが、美奈さんのように「パラサイト」と決めつけられ、親の財産をいいように使ってきた、と暗に言われた場合、尊厳にかけて裁判する、という展開にもなりかねません。

家族のマネジメント2　親の情報を共有しギャップを埋める

介護の大変さは、やってみないとわかりません。

ですので、初期段階から気持ちを合わせるため、兄弟姉妹全員がそれぞれ親と一週間暮らしてみて、それからキーパーソンを決めるぐらいでちょうどいいのです。

ですが、なかなかそうはいきません。

例えば親の認知症の初期では、発症を否認する子供が出てきます。

近くに住む子供には、親のおかしな言動が見えても、心配して訪ねてきた遠くの長男の前では、親に気合が入り、しっかりしゃんとしているので、

「えーっ、おふくろ元気じゃないか」

「そうじゃないわよ。この間なんか道に迷ったし、卵ばかり買ってくるし」

「そりゃ歳だからそんなこともあるだろう。じゃあな」

という場面。

長子が大切にされる家族文化のなかで、母親にかしづかれて育った長男は、母親の認知症をなかなか認めません。

仕事しながら親と同居している妹のところに遠くから兄がきた場面。

「おかしいわよ、お父さん。このごろ話が通じないの。私が仕事に行っている日中、ぼ

ーっとしているのよ。私にばかり押し付けていないで、兄さんもう定年なんだから、いっしょに暮らして」

「なに言うんだ。今日はいっしょに落語に行ったけど、おかしいところなんてなかったよ。うちは狭いし、親父ひきとれないよ」

性急すぎる会話で衝突する例です。

親子、兄弟はその数だけ多様なので、こういう会話をしても、つぎのときは仲良く笑っているという家族もあれば、一回の対立で一生、口も聞かない関係になる家族もあります。

また、兄弟姉妹のなかには、親が元気なうちはいい人でいて、親が認知症を発症したり、亡くなったとたんに、非人間的なほど計算高くなる人がいます。

性格も違う、仕事も生き方も、家族の構成も、家庭の事情もちがう兄弟姉妹が、親の介護に一致団結して協力しあうためには、作戦が必要です。

家族のマネジメント3　女性が介護すべきは通らない

自分の親を働いている妻に介護させて、離婚を突きつけられた夫の例は、よく見聞きします。

三人の子を育て、パートで働いて、家事をして、その上に夫の親の介護。

疲れた、体力的にもう無理だと訴えても、夫は「母親のオムツの始末なんてできない」と言い、夜遅くまで帰ってこない。休日も一日中、趣味の釣りにいってしまう。

夫婦の役割に疑問を感じた妻はついに離婚に踏み切りました。

自分の親は自分がキーパーソンとなって介護する時代です。

配偶者はその協力者の位置でしかありません。それが現代の介護家庭です。

それを証明するように、妻や父母の介護をする男性は、全介護者の三〇％を占めるようになりました。

高齢の男性は、だいたいは家事にうといので、料理、家事を習って介護にあたっています。

男性介護者の会もでき、体験を語り合い、情報交換をし、料理教室、飲み会などを開いて、交流をしています。

しかし、家族経営の自営業、農業をしているなど大家族の家庭では、嫁が中心となって介護をし、みなが手伝ってなごやかに暮らしているところもあります。

大家族の誰かに、さりげなく見守られる環境では、認知症の進行もゆっくりです。

友人の認知症の母は、発症から五年、畑の草取り、作物の選別、芋の皮むきなど、得意の仕事をして、重宝がられながら、元気に穏やかに過ごしています。

古き良き環境が残っていることを、うらやましく思います。

家族のマネジメント4　家族会議

介護と仕事の両立は、決して甘くはありません。

兄弟姉妹がいる場合、平等に分担して助けてもらいたいのは当然です。

キーパーソンの苦労が、兄弟姉妹が二人なら二分の一、四人なら四分の一で済むはずなので、仕事との両立のためには、兄弟姉妹の分担はぜひお願いしたいところです。ですから介護が必要とわかったとき、すぐに兄弟姉妹や介護に協力してくれそうな親戚に知らせて、心の準備をしてもらいましょう。

メールなどで写真やコメントを共有するのも大切ですし、動画、写真で報告するのも手です。

ドロドロに溶けたアイスばかりがつまった冷蔵庫、おもらしした玄関、ぐちゃぐちゃな室内、などショッキングな写真が、実はものすごく有効です。

キーパーソン候補は、とにかく最初から、自分の驚き、悲しみ、混乱を、ほかの家族と共有すべきです。

つきあいの薄かった兄弟姉妹がいれば、自分の介護への考え方、介護をいれての人生設計を語りあうことも必要でしょう。

そうやって、できるだけの理解を得ておきます。

そのうえで、じっくり介護の問題点を洗い出して、作戦を立て、ときには兄弟の誰かを味方につけるネゴシエーションをして用意万端で、家族会議を開きましょう。

家族会議を開くタイミングは介護態勢を整えるときには必ず、あとは骨折した、病状が進行したなどで介護状況が変わるときも開きましょう。

必要に応じて何度でも話し合いましょう。

兄弟姉妹の状況が変わり、介護の役割分担が果たせなくなったときも、会議を持つ必要があります。

遠くでこられない場合は、ネットなどを利用して、参加してもらいましょう。

議題は、以下です。

- 家族がどんな病状か説明し、これからどのような治療や介護が必要になるかを説明
- 介護のキーパーソン（ケアマネジャーや医療との連絡役で介護の中心にいる）を決める
- キーパーソンは、交代でもいい。交代ならその期間を決める
- 介護費、交通費や雑費まで、親の年金や財産から出せれば、そうしたほうがいいので、話し合い、全員の了承を得る
- 役割分担を決める

また、その場で終末期医療の選択や、必要なら相続、遺言まで話し合いましょう。そのとき、そこで慌てて結論を出してしまわないで、何回も議論を重ねていくことを、みなで了解するようにします。

家族全員が後悔のない看取りができれば、全員のその後の人生の自信になります。

家族のマネジメント5　議長は誰か？

要介護者の一番近くにいるひと、あるいは要介護者の状況をよく知っているひとが、兄弟姉妹や介護に協力してくれる親戚に呼びかけて、集まってもらい、会議を開きます。あるいは家族の問題で、いつもリーダーシップをとるひとがいれば、そのひとが招集する場合もあるでしょう。

両親のうち一人が元気でしっかりしているときは、親の一方ということもあります。

友人の例です。

父親の老衰、認知症で自宅介護となったとき、母親は四人の子供に、仕事のあるなし、子どもの幼さに関係なく、一週間交代で実家にきて父の介護することを命じました。「誰も、決してひとの介護に口を出さないことを約束してください。お父さんの遺産は一円にいたるまで、平等に分けます」

そして父は亡くなり、その遺産はきっちり一円まで分けられました。母のときも、四人が平等に介護と看取りをして、母の遺産も四等分されました。

介護の思い出は、兄弟姉妹たちの、共通の心の遺産になっているそうです。

家族のマネジメント6　家族会議の注意点

出席するひとは家族の発病で全員が、不安と悲しみを抱えています。誰かが激昂したり、泣き出したりすると会議が思わぬ展開をし、対立が起きる展開になることがあります。

また、介護の問題が起こると、それまで親子、家族間で抱えてきた葛藤が表に出てきて、

「俺は可愛がられなかった」

「○○は、大学院まで行かせてもらったじゃないか」

など押し付け合いになることもあります。

誰もが、「冷静、沈着に」という態度でいることです。

熱い思いを待つリーダーが、家族の心をまとめて行く場合もありますが、クールで冷静沈着なひとが、司会となって会議を進行して、キーパーソンを決めるというほうがうまくいくようです。

議長役は、その日に決める項目を書いて手渡し、みなでチェックして、決め忘れがないようにします。

とにかく議長は、介護の分担ができるだけ平等になるように努め（現実にはキーパーソンが負担が重く、決して平等には行かないとしても）、キーパーソンを助けるよう、役割分担を取り決めていくようにしたいものです。

そして最後に決まったことを念押しして、それを写真や動画にとっておくと、みなの記憶に残ります。

会議がうまくいかなくても、介護は前に進むしかないので、合意ができた家族で役割分担して始め、合意しないひとの気持ちを変える工夫をしていきます。

意見の決裂が予測される場合は、家族会議をマネジメントしてくれる司法書士事務所などに頼むという手もあります。もちろん有料です。


しかし現実には、ほとんどの家族は会議を持たずに、介護に突入するのです。

診察、手続きなど、やることが山のようにあるので、会議にさく時間もエネルギーもないし、二、三人の兄弟姉妹が、電話などでささっと重要な取り決めをしてしまいます。

そこで情報が錯綜したり、誤解が生まれたりするのですが、まだ介護に家族会議が必要という文化が行き渡っていないのです。

介護者の心の健康のために、会議で平等に役割分担、という風潮をつくっていきたいと思います。

正月など家族の集まるときに、準備の会議をして慣らしていきましょう。

正月は今年一年の家族のありかたを考えるのに、ちょうどよいときですから。

家族のマネジメント7　長男のかたよった家族意識に注意

被介護者の年代にもよりますが、しみついた古い価値観で、介護を強制したり、女性がするものだと決めつけていたりすると、キーパーソンが決まらず、介護を軋ませることがあります。

現実には男性介護者は全体の三分の一を占め、かつては女性が介護するものとされた介護ですが、いまは男女平等に近づきつつあります。

そういう意識のひとがいたら、介護の現実などを教えましょう。

家族のマネジメント8　孫世代をキーパーソンにしない

介護する子供たちは部長や課長で、それなりの収入がありますが、孫は就職がうまくいかず、アルバイト。そんなとき、家族全体の経済を考えたら孫が介護すればいい、と短絡的に介護を押し付ける場合があります。これは絶対に止めるべきです。

介護はいつ終わるとも限らず、一〇年や二〇年かかることもあるのです。孫世代が仕事、結婚、子育ての機会を逃し、生涯賃金も相当に目減りします。

孫が老後を迎えたときを想像してみて、子世代一代で介護をやりくりしていきましょう。

家族のマネジメント9　成人前の子への配慮が必要

世代間を超えた介護が問題になっていますが、幼い孫が、あまり付き合いのなかった祖父母といっしょに暮らすことになって、心身が不安になったり、不登校になる、という問題が出てきました。

親は介護と仕事で精一杯で、子供と話す時間も、くつろぐ時間もありません。かまってもらえず、寂しさ、孤独感をつのらせ、そこで心が不調になるのです。

特に認知症で、怒声や暴力が出ている祖父母を介護している場合、親との衝突や罵り合いなどを見つづけると、祖父母に怒りの感情を持つ場合があります。

夫婦喧嘩を見て育つと、心が傷つき「自己肯定感」が育たず、成人となっても自信がなく、落ち込みやすくなりますが、それと同じことが介護でも起こる可能性があるのです。

　幼い子から思春期前期の子供がいる家庭では、よく子供の話を聞いて、親子だけで息抜きする時間を、ぜひ、作るようにしてください。

　子供のいる土日を、要介護者にショートステイしてもらい、親子ともに休むのも方法です。

　配偶者を介護する場合は、子供がいる場合、子供の心に負担をかけてしまうケースもあると思います。

　父親の変化に戸惑う娘、息子。学業のほかに家事や兄弟姉妹の世話をひきうけなければならない場合もあります。負担が大きかった場合、後々の親子関係にも影響が出やすくなります。

　子供との会話を大切にしながら子供が社会人として独立するまでは負担をなるべく減らす工夫が必要だと思います。

家族のマネジメント10　リバーズモゲージ

介護費が不足している場合、親の持ち家があれば、介護が終わったときに家を売り、清算するという、銀行の融資、「リバースモゲージ」を受ける手があります。

経済的な問題は、まず親の資産を利用することを検討してみましょう。

家族のマネジメント11　話しておきたい延命治療問題

看取りで深刻な後悔を残す理由の一つは、親に延命治療をし、意識が戻ることもなく、チューブや機器に繋がれて生きたのだが、あれでよかったのだろうかと悩む場合。

終末期に、呼吸器装着や胃ろうの判断を求められたとき、医療を受ける親が答えられればいいのですが、そうではないとき、家族がその判断を苦悩のうちに下すことになります。

親の意識や判断力が清明なうちに聞いておけば、のちのちの終末医療の場面で、大きな判断材料として生きてきます。

また、自宅で看取るとき、死期が迫っているときの急変で、救急車を呼ぶかどうかの判断も、「延命治療をするかどうか」とともに、話し合っておけば判断しやすくなります。

介護に関する法律

配偶者や自分の子供のほかに扶養経済的に困窮している親、兄弟姉妹といった直系血族の生活を保護し、金銭的にも援助を行う必要があると、民法877条により規定されてる。

同条2項には、3親等内の親族間において、特別な事情があるときには扶養義務が発生すると規定されている。

兄弟姉妹が成人していたり、子から親の扶養に対し、扶養者が家庭を持っている場合は、自分の家庭の扶養義務の方が優先する。

自分の家庭が優先する、というのは前提だが、老年の親に対して成人した子が複数いる場合など、扶養義務者が1人ではない場合は、その扶養義務や扶養範囲を当事者間でまず話し合う。

しかし、親から子に対しては、未成年の自身の子や配偶者を優先して扶養し、余力で扶養することになる。従って兄弟姉妹の出生順ではなく、その経済力などを含めて判断することになる。

当事者間で判断が難しい、またはその金額や扶養内容について調整ができない場合は、家庭裁判所に家事調停を申し立て、その判断を委ねる。

申し立てを行う人は扶養義務者のうち一人でも受理可能。

戸籍謄本や住民票による親と子の状況を基本として、各扶養義務者の世帯における金銭的な状況や、就業状況などを細かく判断し扶養の方法などを決定する。

寄与分

相続人が被相続人の療養看護を行ない、付添い看護の費用の支出を免れさせるなどして、相続財産の維持に寄与した場合。「病気の看護」と「老親の看護」に区別され、「老親の看護」のほうが貢献度は高いと判断されているが、介護保険導入によって「老親の介護」に関する寄与は認められにくくなっている（民法の改正は、232頁参照）。

民法では親からの扶養が受けられなかった場合は、例外が認められる

親には子の扶養義務があるが、成人した子は自身の生活を最低限守ったうえでの「余力」を用いて、親を扶養する義務が発生するとされている。

そのため、親が未成年期の子を扶養しなかったり、虐待が認められるなど、扶養義務を果たしていないケースでは、親の扶養を拒否することができる。

6章

仕事・公的補助のマネジメント

仕事のマネジメント1　両立介護から職場環境の改善を考える

介護と仕事の両立を実現するためには、会社にも社員にも、モチベーションが必要です。

いま、仕事と介護を両立しているひとは、助けを必要としている要介護者を守るために必死に動いているひとに、ほかなりません。

その姿は、人間の尊厳を守る行動を、自ら職場に示しているのではないでしょうか。あなたの姿を見て、明日もし家族に介護が必要になったとしても、仕事を辞めずにすむのだと、ほかの社員がわかるのではないでしょうか。

また、介護をしていれば、医療、介護、福祉分野の人々と関わることになり、視野が広がります。それは職場にも影響を与えるでしょう。

介護では、さまざまな分野の専門家と関わります。

［病院のソーシャルワーカー、保健師、地域包括ケアセンター相談員］ 介護の相談をし

ます。

【ケアマネジャー】「ケアプラン」を立て、助けを必要としている人の、QOL（生活の質）、安全に動くためのバリアフリー改修、ホームヘルパーの生活援助、身体介護の派遣があれば、組み合わせを話し合い、スケジュールを決定していきます。

【理学療法士】 リハビリやマッサージのプログラムを話し合い工夫します。

【作業療法士】 パソコンから食器までのデザインの工夫、ユニバーサルデザインの施された日用品を情報提供してもらいます。

【薬剤師】 薬剤管理、飲み方のテェック、アドバイス。

【歯科医師】 定期的診断や、入れ歯づくり。歯科助手の口腔ケア。

【医師】 診察、本人の健康状態のチェックで医療的課題を見つけ、医療的指示を出します。

【看護師】 点滴や、傷の消毒はもちろん、便秘や不眠対策、薬の飲み方のアドバイス、褥瘡防止のための体位の保ち方、体位交換や、枕やベッドの種類のアドバイスをしてくれるなど、頼りになる存在です。

【言語聴覚士】 難聴、飲み込み、嚥下などの専門家。

［福祉用具専門相談員、福祉用具貸与業者］　介護用ベッドや車椅子のレンタル、ポータブルトイレや浴用椅子の買い取りを手配（保険で充填されるので一、二割の費用ですみます）。

［介護施設の施設長、職員、ボランティア係］　デイケアから、入所まで、あらゆるレベルで介護のサポートを担当してくれます。

［音楽療法士］　音楽療法で、認知症などの進行を止め、気持ちの安定、気分の高揚をはかり健康を増進します。

地域での活動では、

［認知症の人と家族の会］　情報提供、相談を全国で展開しています。

ほかに、さまざまながん患者会、高次脳機能障害の会、若年性認知症の会など病気や障がい別の、集会、相談、催しをしてくれるＮＰＯ、任意団体が数多くあります。

［ケアラーズカフェや男性介護者の会］　続々とできています。

［認知症サポーター］　地域により呼び名が違ますが、一定の研修を受けて認知症のひとの役に立とうとする人々です。

【民生委員】 地域社会の相談援助職。無給だが、民生委員法で規定されている。
【新聞配達や乳飲料配達】 配達員が安否確認をするところもあります。
【傾聴ボランティア】 研修を受けて、本人から受容的に話を聞いてくれて、回想療法の効果があります。

介護にかかわるＩＴやロボット業界の動きもさかんです。ＩＣＴ機器での安否確認、定点で室内の様子を写すカメラ。遠隔介護の見守りに様々な機種が開発されています。まだまだ、多くの職種、企業、研究会（口腔ケア、飲み込みチェック、座る姿勢の研究、排泄の研究、遊びの研究などなど）が関わるのが介護市場。これからも拡大を続けるでしょう。

多種の専門職と関わり、介護保険のシステムと取り組むと、高齢社会の問題を実感できます。

いままで、ジェロントロジー（老齢学）は、遠くの議論だと感じていたとしても、介護をしてみれば身近に解決すべき課題が見つかります。きたるべき二五年問題（超高齢社会のピーク一〇〇万人死のとき）を、人間重視の視点から考えていきたいですね。

企業も社員も介護離職しない、させない決意をしていただくために、四つの視点を理解していただきたいと思います。

1、介護と仕事の両立を図ることで職場環境をよくしていく
2、メンタルヘルスの視点を持つ
3、仕事の集中力と生産性をあげる
4、介護の利他的行動は、人の幸福感を増す

そうです。両立はいまやコンプライアンスであり、企業倫理なのです。

仕事のマネジメント2　メンタルヘルスの視点を持つ

厚生労働省は二〇一一年から、四大疾患と呼ばれる、糖尿病、脳卒中、がん、心臓病に精神疾疾患を加えて五大疾患としました。精神疾患が、国が取り組むべき、国民的な

病になったのです。

二〇一一年にがん患者数の一五三万人に対して、精神疾患患者数は二二六万人。そのうち、うつ病などの気分障害は九六万人で、一五年前の二二倍に増えたのです。

もはや精神疾患は国民病なのです。

労働者の気分障害の原因の一つとみられているのが、成果主義と過重労働です。

特にサービス残業が長くなると、労働者のメンタルヘルスの悪化がみられることが報告されています。

サービス残業は、医療社会学者のヨハネス・シーグリストが提唱した「努力――報酬不均衡モデル」(努力に対して報酬がつりあわないときの危機)です。

労働につりあうだけの対価がはっきりしないと、ストレスが高まります。

しかし、労働政策研究・研修機構が企業に行った「メンタルヘルス悪化の原因がなにか」を聞くアンケート調査では、約七割が「本人の性格の問題」と回答しています。

いっぽうで同機構の七〇〇人の労働者への調査では、「仕事の守備範囲が不明確で、仕事の進め方に裁量権がない労働者」ほど、メンタルヘルスが悪化するという傾向が発表されています。

このように、企業と労働者には、メンタルヘルスに関して、落差があるのです。

介護うつは、介護者の四人にひとりがなると言われています。

「うつ病になるのは本人の性格の問題」と答える七割の企業は、介護の相談を受け付け、働き方をサポートするでしょうか。どうも怪しいですね。

これからは介護離職阻止、メンタルヘルス向上に、積極的に取り組む企業が増えてきます。そういう企業に人材は流れていくでしょう。

仕事のマネジメント3　仕事の集中力と生産性を上げる

さて、介護と仕事の両立には、

「仕事の守備範囲を明確にして、仕事の進め方を裁量する」

ことが必要です。

労働者のメンタルヘルスが低下すると、生産効率が悪化する「プレゼンティズム」や、遅刻や早退で勤務時間が減少する「アブセンティズム」が発生し、企業に損失が生じます。欧米型の企業では、時間的損失より、生産効率の悪化のほうが、損失は大きいとされています。

介護で時短や休業をしても、自分の生産性を高めていくことができれば、大きな自信になります。

仕事のマネジメント4　介護の利他的行動は人の幸福感を増す

ゴールを設定し、競争に勝ち抜き走り続けるために必要な脳内ホルモンは、ドーパミン。人間関係の、幸せ感、信頼感を醸し出すホルモンはオキシトシンです。

中高年の挫折や、昇進ストレスは、脳内ホルモンがドーパミンからオキシトシンにうまく切り替えられないことからも起こるとされています。

成熟社会とは、物質的な豊かさより愛情や絆といった心地よさが大切にされる社会です。

オキシトシンは、母乳を出すサインを送るホルモンとして発見されました。しかし、いままでは、男性も未婚女性も分泌することがわかってきて、愛情ホルモンと呼ばれています。

このホルモンは、親子関係の場面ではもちろん、スキンシップでも分泌されます。

受容的な介護では様々な場面で、オキシトシンが出ます。

ケアマネジャー、ヘルパー、理学療養士プロの介護者は、オキシトシンフルな人々。

そのひとたちとともに介護をすれば、優しさのある介護経験を生かし、職場の人間関係を潤滑にしていけるでしょう。

職場において、セカンドキャリアを考えるとき、長い人生を充実させたいとするとき、そこは利益追求や蓄財より、人間関係の広がりや公益性、仲間の満足度が重視される世界であるはず。

つまりは「幸せホルモン」が大切になるのです。

介護経験では、(経験したひとにはわかるのですが)「幸せホルモン」の実体に気づく機会が、きっと与えられます。

仕事のマネジメント5　転職・資格

ほかの分野で自分の能力を試してみたいと常々思っていて、親の介護に直面したのが、五〇代。まだ体力も気力もある。ここがチャンスと転職、起業するという方もいます。前向きの転職です。

そういう相談を受けるときには、自己チェックをお願いしています。

1、前向きの転職、起業か、目的がはっきりしているか。
2、計画がしっかりしているか。
●計画がファイナンシャルプランナー、プロのキャリアコンサルタントなどの専門家のチエックを受けているか。
●介護の役割、時間をきちんと組み込んでいるか、家族、兄弟姉妹、親戚などで、了承されているか。
3、資金計画が狂っても大丈夫か。介護は骨折などで、状況が激しく変化することもある。最低一年暮らしていく資金があるか。

ある相談事例です。

「介護で休みがちで、職場の雰囲気がトゲトゲしくなってきていたとき、いとこから好きな時間に画廊を手伝ってもらたいと言われて、どうしようかと」

と成美さん。いとこの店は画廊です。相談者は、母ひとり子ひとりで、認知症の介護の全責任を負っています。

「絵とか美術に詳しいのですか？　現代画家の絵の値段は、わかりますか？」

「絵は好きですが、値段などは、それほどでも」

というのを聞いて、これは「逃げの転職」かもと思いました。

徐々に聞いていくと、画廊の店番に意欲をもっているわけでもなく、店番で画廊経営や美術関係のスキルアップをして、次の人生を開く夢もない、ということがわかってきました。そこで離職のときと同じ質問。

「親ごさんが亡くなったあとの、あなたのキャリアと経済はどうなりますか？」

「……。」

「いまより満足できる職につく自信がありますか？」

「……。」

「介護したあとに、あなたのスキルや人脈を活かせますか？」

「……。」

「あなたの人生にとって、介護離職は最善の選択なのですか？」

「……。」


すぐに答えられないということは、逃げの転職ということです。

いまの会社の人間関係や嫌な雰囲気を語ってもらいました。

すると上司や人事に、介護の状況がうまく伝わっていない、という問題が見えてきました。

カウンセリングは、介護のストレスにも及びました。

認知症の進行が激しいのに、介護認定が軽すぎ、介護者の疲れが溜まってきていること、ケアマネジャーが親身になってくれないことなどがわかり、ケアマネジャーを変えてみようという提案をしました。

面談四回、一月ほどで、介護状況も職場環境も変わり、仕事を続けることができています。

介護に突入して、冷静さを失い、トンネリングが起きると、周囲からの軽い提案にのってしまいがちです。

成美さんへのいとこからの誘いも、画廊の経営が苦しくなり、店番がやめてしまい、困っていたいとこが、一時しのぎにもちかけた、とわかりました。

「あのまま、転職していたらいまごろ、いとこと対立していたかも」

〈上昇と常勝〉にとらわれ走り続けてきたエリートが、やむなく介護で戦線離脱すると、自分から、負けの意識に陥り、会社になんとなく居づらくなって転職を考えるのは、実によくあることです。

しかし、それは安易にすぎます。

転職も起業も、甘いものではありません。

自分の人生の勘所です。じっくり考えて計画を練りましょう。

公的補助と地域のマネジメント

名古屋と東京との遠隔介護で、仕事と両立している雅美さんをご紹介しましたが、「父のことがあるまで、隣近所なんて、うるさいものだとかしか思いませんでした。でも、近隣とか地域の支援が、どんなに有難いことだったかわかりました。父の料理の技を生かして、手伝ってと誘ってくれたのは民生委員さんです。そこから、認知症になっても居場所が持てました」

と言います。

また、少し認知症が怪しくなってきたけれど、まだ元気な母がいるという別の相談者は、「母の住む区には、ひとりぐらしの〈見守り訪問〉があって、ボランティアが週に一度訪問して、外から声かけをして安否を確認してくれるので、助かっています」

病気や障がいを持つと公的補助や、公的補助で運営されている支援団体にお世話になり、支えられることになります。

介護が始まる前から、折りにふれ、親の地域のことを知っておきましょう。

役所の広報や地域の新聞をみたり、親と民生委員がだれかなど話したり、どんな地域の活動があるか、気にかけていきましょう。

介護が始まるときには、地域包括支援センターに行くついでに、一度は役所を訪ねて、要介護者にとってどんな補助があるのか聞いてみることです。場合によっては、どの地域で介護したらよいのか、自分の居住地か、親の居住地か、など選択するときの判断材料になることもあります。

今後、介護と仕事の両立支援に乗り出す自治体が増えていきます。アンテナを張って情報収集して、賢く利用することをおすすめします。

7章

介護のマネジメント

介護のマネジメント1　医師との遭遇

ここまで読み進めてきてくださったかたには、介護保険を利用することが、介護と仕事の両立のための時間や体力保持に欠かせない大切なことだとわかってきたと思います。では介護保険をとるために必要なケアマネジャーや医師にどう出会うのか、介護のマネジメントを考察していきましょう。

親が倒れて入院したら、まず入院している病院の担当医師から、診断を聞くことになります。

医師は診断とともに治療の道筋を説明し、時期をみて、退院後に、どこでどう療養するのか、介護が必要になるのかどうか、その準備をどうするのか、病院の医療相談員に相談することをすすめると思います（そのように、厚生行政から示唆されていますし、診療報酬での加点もつくようになっています）。

病院の相談員に相談すると、病状と相談者の要望（自宅か施設か、介護者はだれか、その介護者は仕事をしているのか、家はバリアフリーかなど）に添って、療養体勢をどう作るか、提案されます。

そのとき、地域包括支援センターに行くようにすすめられたり、地域の訪問医や訪問看護事務所を紹介されることもあるでしょう。

病院から紹介された訪問医と長いつきあいになることもあります。訪問医から、ケアマネやヘルパーの派遣事務所を紹介され、チームが作られることもあります。

また認知症を疑ってかかりつけ医にいき、そこから認知症専門医を紹介されることもあります。専門医が遠くて不便なら、再度、かかりつけ医に戻ることもあれば、認知症専門医から近くの、認知症専門医を紹介されるなどのケースもあります。

地域包括センターで医師やケアマネジャーを紹介される、というケースばかりではないことも多いのです。

介護のマネジメント2　医師との付き合い方

高齢者の場合、「神の手」を持つ名医より、話をよく聞いてくれる医師がいい医師だと思います。

できれば家族の悩みも聞いてくれて、適切なアドバイスをくれる、そんな医師。

「母が私の顔もわからなくなってと泣いてしまったら、医師が、『だからあなたが信じてあげなきゃ』と言ったんです。なんだかスッと楽になりました」

認知症の場合、介護者は、医師の共感と支持で、支えられます。

介護が始まると、かかりつけ医、手術や入院時の主治医、認知症の専門医、訪問診療医と、場合によっては何人もの医師とかかわっていくことになりますが、大切なことは、どの医師にも介護と仕事の両立をしたい、とはっきり告げておくことです。

要介護認定の二本柱は、訪問による調査と「主治医意見書」ですが、たとえば入院中に介護認定をとるときは、その主治医に、病院の窓口で書類を出してお願いします。

主治医意見書を書く医師には、とくに仕事と介護の両立をアピールすることが大切です。

「主治医意見書」に医師が自由に書く空白の欄があるのですが、そこの記述が介護度に大きく影響すると言われています。

大学病院の医師などは本当に忙しいので、書類仕事は、目の前で苦しんでいる患者さんに比べたら、後回しになりがちです。ですから、手紙を添えてお願いするというのも方法のひとつです。

手紙は簡略に以下を書きましょう。

- ひとり暮らしか同居人がいるか、家族の状況
- キーパーソンが仕事を続けつつ、介護をしたいという決意
- 退院後、日常生活でどんなことが困るか、家はバリアフリーか
- 受けたい介護サービスはなにか
- 経済状況

介護のマネジメント3　難しい認知症の診断

大学病院で認知症の検査を受けたら、専門医は、「アルツハイマー型。介護が必要になるので用意して」とコンピュータを見ながら冷たく告げるのみ。

医師の態度や説明にショックをうけた夫婦。夫はイライラしてうつ気味に。妻も不安にさいなまれます。このままではいけないと、ある認知症カフェに二人で行き、相談すると、介護経験のあるひとが、

「奥様は毎週ひとりで迷わずに体操教室に通っているんですよね。ＭＣＩ（軽度認知症）かもしれないから、この医師に行ってみたら」

と別の医師を教えてくれました。そこへ行ったら、軽度認知症だと言われ、認知症に移行しないための訓練をするクリニックを勧めてくれました。

夫婦は希望を持って、訓練のクリニックに通っています。

「かかりつけ医にアルツハイマーと言われ、薬を飲んだら、興奮してイライラしてひど

い状態です。どうしたらいいのか、友達に相談すると、『地域包括センターに詳しい相談員がいるから聞いてみたら』と言われ、母のおかしい症状と夜中に悪夢で騒ぐと訴えたら、レビー小体病かもしれないからと、検査機器のある大きな病院の専門医を教えてくれました」

教えられた病院の専門医に診断をしてもらうと、

「やはりレビーです」

レビー小体病は、幻視が特徴的ですが、幻視が出ないひともいます。

多くのかたの世話をしてきたベテラン相談員の直感で、医師を変えることができ、本人も介護者もラクになりました。

レビー小体病は比較的記憶力が保たれていて、ぼんやりしているときとはっきりしているときがあり、薬剤に敏感です。

レビー小体病は、自分の状況や周囲の状況がわかっていることも多く、アルツハイマー型のかたのように、「お茶にしましょう」と場面の切り替えをしても、かえって怒られたりします。医師との連携で、注意深く介護していくことが必要です。

この例のように、医師の選択も難しいものがあります。

地域の医師情報を一番持っているひとに聞くのもひとつの〈手〉です。

認知症のひとと家族の会に入会して、さまざまな実体験にふれるのも、医師を選ぶときに有効です。

介護のマネジメント4　ケアマネジャーとの出会い

厳しい試験と実習で、資格をとるのがケアマネジャーという専門職です。個々の家に入り、病を持つひとと、その家族と付き合うので、守秘義務は弁護士より重く課せられています。

ケアプランを無料で立てる技術（コンピュータを駆使）と介護の人脈をもっています。自分で事務所を開くこともできますが、ヘルパー派遣やそのほかの専門家との連携のために、居宅介護事業所や、地域包括センターの支所となった事業所（多くは介護施設のなかにある）などに所属しています。

実体験が必要な資格なので看護師や保健婦から転身したり、介護施設に勤めていたり、ヘルパーを何年もしていたという、介護の経験が豊かなひとばかりです。

介護の司令塔として、医師、看護師、ヘルパー、薬剤師、理学療法士、作業療法士、福祉用具業者、入浴サービス会社、などと交渉してくれます。

ケアマネジャーと相性が合わないときは、所属の事業所にいえば、変更ができます。事業所ごと変更することもできます。

また、施設入所になるとケアマネジャーはその施設のケアマネジャーとなります。

では、どんなケアマネジャーがよいのでしょうか？

よく話を聞いてくれて、こちらの要望をきちんと捉えてくれるひとが一番です。

介護と仕事と両立することに、理解と経験を持っていて、難しい局面でも、突破するケアプランを出してくれたら最高ですね。

仕事と両立させるために、五ヶ所の事業所と調整して、一日に何回もヘルパーを入れるプランを出したケアマネジャーは、

「このかたは父の借金を抱えて毎月の支払いが大変、施設に入れるお金がないから、なんとか自宅介護で仕事をさせてくれ、と頼まれて頑張りました。こういう正直なリクエストがあると、私たち燃えるんです」

とにっこりと笑いました。

相談室の私も、兄弟仲が悪いとか、家族の事情、経済的に不安だなど、苦しい気持ちを正直に訴えてくれたほうが、うれしいのです。問題をはっきりさせ、方向付けがしやすくなるのです。

遠慮はいりません。言いにくいことでも話してほしいのです。

介護のマネジメント5　自宅にきてくれる介護サービス

訪問介護士（ホームヘルパー）はケアプランの通りに、身体介護と生活援助で、被介護者の生活を支えます。

また、四〇歳以上の国民が支払っている介護保険から派遣されるので、働き方に制限があります。身体介護と生活援助のヘルプをしてくれますが、できないことは以下です。

身体介護でできないこと

［外出］病院内の付き添い、入院、退院の付き添い、ヘルパーが運転する車で外出、趣味娯楽への付き添い、冠婚葬祭の付き添い

［食事介助］胃ろうチューブの挿入、洗浄。経管栄養の注入
［排泄介助］摘便、浣腸、排尿ケテーテルの挿入、洗浄、消毒。人口肛門のパウチの交換
［医療行為］口を開けさせ服薬させる、座薬の挿入などの医療行為。変形した爪を切る。薬を一回ごとにわける。
［その他］リハビリ、マッサージ、散髪、話し相手。電話での話し相手。

生活援助でできないこと

［調理］ほかの家族の調理。行事の料理や手の込んだ料理。
［掃除］利用者が使わない場所やベランダなど外回りの掃除。庭掃除、草むしり。大掃除、換気扇などの掃除、大きな家具、家電の移動。模様替え。自家用車の洗車。
［洗濯］ほかの家族の洗濯もの。洗濯機で洗えないもの。
［買い物］ほかの家族の買い物。お歳暮や仏壇の生花。酒やタバコの嗜好品。
［その他］大工仕事、ペットの世話。植木の手入れ。来客の対応。役所や銀行の手続き。

金銭や、ものの授受。

ヘルパーの変更

介護を受ける本人と、ヘルパーが合わない、仕事が雑というとき、ケアマネジャー、事業所にいえば変えてくれます。相性があわないことはよくあることなので、よほどのことでない限り、ヘルパーさんが咎められることはありません。

自宅で利用できるサービス

［福祉用具貸与］ 車椅子や電動ベッド、歩行器、床ずれ防止のマットなどを専門業者から借りる。

［特定福祉容疑購入費支給］ 介護に特殊な物品、便座や特殊尿器、入浴補助具、簡易浴槽などの購入費が支給される。

［居宅介護住宅改修］ 手すりの取り付け、段差の解消、和式便器から洋式に変える、などなど住宅の改修に、20万円まで支給される。

［訪問入浴介護］ 訪問入浴車で看護師と介護士が訪れ、湯船を運び込み、血圧や体温を測り、安全に入浴させてくれる（一〜三割の費用負担）。

［訪問リハビリテーション］ かかりつけ医の診断と指示書により、必要なリハビリをしてくれる。廃用症候群予防や、歩行できるように訓練してくれるなど（一〜三割の費用負担）。

［定期巡回・随時対応型訪問介護看護］ 介護者が就業で不在のときに、二四時間の介護、看護に対応。緊急時も電話で対応し、訪問介護スタッフと訪問看護師がチームで連携を取りサービスを提供。

［夜間対応型訪問介護］ 夜間定期的に巡回訪問する。緊急の通報にあわせて訪問介護する。

施設を利用するサービス

［デイサービス］ デイサービスセンターで、食事、入浴などのケアを受け、機能訓練、口腔機能を保持、高める訓練をする。利用者同士が触れ合いながら、レクリエーション、趣味活動などを楽しみながら適宜行う。

［認知症対応通所介護］ 認知症に対応したデイサービス。

［デイケア］ 老健、病院、診療所などで機能訓練やリハビリ、食事、入浴などの日常生活支援を行う。以下、二つの種類がある。

［ショートステイ（短期入所生活介護・療養介護）］ 短期間施設に宿泊しながら、暮らし、介護を受ける。

［短期入所生活介護］ 特別養護老人ホームなどで食事、入浴、排泄のケア、機能訓練などを受けて生活する。

［短期入所療養介護］ 療養が必要なひとが介護保健施設（老健）や介護療養型医療施設などで、看護、医学的管理のもとで食事、入浴、排泄のケア、機能訓練などを受けて生活する。

施設への入所

［特養（特別養護老人ホーム）］ 常に介護が必要で自宅では介護が困難なひとが入居。おおむね介護度3以上。

［**老健（老人保健施設）**］リハビリに重点を置いたケアをしつつ、暮らす。
［**介護療養型医療施設**］症状は安定しているものの、長期に渡り医療や介護が必要なひとが入居。
［**グループホーム（認知症対応型生活介護）**］認知症のひとが、少人数で介護を受けながら家庭的な環境で暮らす。
［**小規模多機能型居宅介護**］デイサービス、ホームヘルプ、ショートステイのサービスをひとつのところで受けられる。24時間365日のサービスを選べ、いつも顔なじみの職員がケアするので安心。定額制。利用するときは専属のケアマネジャーに変わる。
［**有料老人ホーム**］民間が経営するホーム。国の基準を満たしているところは介護保険が使える。費用が高額。
［**サ高住（サービス付き高齢者住宅）**］ケアの専門員が常駐していて、安否確認、生活相談を行うバリアフリーの高齢者向け住宅。介護は外に委託する場合と、この住宅が介護保険法による特定入居者生活介護の認定を受けていれば、その施設から介護保険のサービスを受ける。
［**セーフティネット制度**］住宅確保要配慮者（高齢だったり障がいがあって、賃貸住宅を借りにくいひと）の入居を拒まない賃貸住宅を登録し、登録された住宅の検索・閲覧などに関する情報を、「セーフティネット住宅情報提供システム」で公表し、支援する制度。

8章

心のマネジメント

自分にあった介護スタイルを決めよう

両立の準備をするとき、見極めなくてはならないことがあります。
私は介護を行う時、大きく分けて三つの動機付けから成り立っていくと考えています。

1、内発的動機付け
2、外発的動機付け
3、社会的動機付け

です。もちろんそれぞれ重なり合った動機ではあるけれど、なにが一番強いのかを自分で知っておくことで、どのような介護をしたいのか、そのために環境をどう整えるのかマネジメントがしやすくなるのだと考えています。

内発的な動機づけとは、たとえ報酬がなくても、誰からも褒められたり、認められた

なかには、

りしなくても、家族を護っていきたいという湧き上がる思いから行動すること。思いの

「自分が要介護者を一番、理解している」

「私の料理が大好きから」

「経済が苦しいのに必死に大学に進学させてくれた」

「働いているあいだ子をみてくれたから恩返ししなきゃ」

「ヤンチャやって　苦労をかけたから」

「一緒に苦労して生きてきたから」

という、自分がふさわしい、自分しかいない、という「有能感」や、だから自分が決めていくという「自己決定感」があります。

親戚や近所のひと、事情を知る誰から見ても、あの人がキーパーソンになるのは当たり前よね、というような関係性です。

内的動機付けがしっかりしていると、自分が要介護者の生活を新しくプロデュースしていく、という意欲があります。

逆にこれが強すぎると、抱え込みやすく自己満足介護に陥りやすくなります。

ときには要介護者を思ってやったことが、要介護者にとっては苦痛になったりすることも。

お互いに共依存関係になり、「他人には任せられない」「自分じゃないとダメ」のループから脱出できずトンネリングが起きやすくなります。

前半で少し説明していますが、共依存関係とは心理学の用語で、アルコール依存症、DVの夫婦、恋人同士、親子など特定の人間関係に依存してしまう心理です。

相手に必要とされることを自己評価の拠り所として、面倒を見続け、過剰に世話をしたりコントロールしたりし、結果として自分にも相手にも弊害が出てくると問題となります。

献身的介護という名のトンネリングが長くなり共依存が強くなっていくと、冷静さや客観性が無くなり、どんどん密室の介護になり追い詰められていきます。愛情は強いままだが体力と気力、経済力の余裕が無くなると、最悪の場合、介護者を殺して自分も死ぬといった不幸が起きやすくなるのだと思います。

内発的動機付けが強いなと思うかたは、ひとりで背負わず、兄弟や親戚、介護を助けてもらえる近親者がいたら、応分に責任を分け合う協定を結びましょう。自分だって、いつ病気になるか、怪我をするかわからない。インフルエンザにかかったら何日も動けないのです。

内発的な動機付けで介護に入ると、要介護者から「ありがとう」と感謝されたり、周囲から「よくやってるね」と承認されて有能感と自己決定感が持続でき、モチベーションが持続できます。

しかし内発的動機付けが強いかたは、介護が始まって早々に施設入居などを選択し、介護の大部分をプロに任せてしまうと、後悔がでたり自責の念にさいなまれることがあります。

たとえば毎日施設に行き、施設の職員に任せず世話を焼き、結局かなりの自分の時間を費やしてしまう。施設で寂しくないだろうかと夜も眠れない。といった状態になってしまうかもしれません。

このような傾向がありそうなかたは、ある程度、自分でやった感、たとえば在宅介護も試した経験を持った上で施設入居の選択をすると、お互い満足感や幸福感が得られると思います。

外発的動機付けとは

報酬がある、あるいはしないと罰を受けるから、というのは外発的な動機付けです。

「父親を介護したら、この家を相続させるから」

「介護のキーパーソンになれば、月○○円の報酬を払う」

「既に書かれた遺言書に従って」

と言われて決意するのは外発的動機付けですが、気持ちがすっきりしていればかえって、冷静で合理的な介護ができます。

この動機付けで注意しなくてはならないのは、介護が長期化してきたとき、ネグレクト（介護放棄、高齢者虐待のひとつ）に進む可能性があるかもしれないということです。

周囲のひとは、必ず介護保険サービスを利用するようにすすめることです。介護保険のサービスで、ケアマネジャーやヘルパーさんなどから介護者の様子を、客観的に見てもらいましょう。

ネグレクトという虐待の加害者にならないためにも、プロの介護サービスをじょうずに利用し、お互いの心身の疲弊を最小に抑えていきましょう。

社会的動機付け

ほぼ使命感だけで行動するのが、社会的動機付けです。

「家族だから」「自分しかいないから」、特別な強い思慕の念も、逆に強い拒否感もないけれど、「しかたない」「やるしかない」「やらねば」と思うような場合です。

4章で紹介した智子さんの事例は、言葉の暴力を受けてきた父親を介護したくなかったのに誰もが逃げてしまい、父親が泣いてすがってきたので「自分でやるしかない」と使命感で介護を始めた、「社会的動機付け」とも言える一例です。智子さんは結果として、ストレス性の腸炎になってしまいました。

ひとときは、使命感に燃えても、介護はずっと続くもので、その炎が消えてしまうこともあるという厳しい現実を現しています。

同じように、社会的動機付けで出発した2章の順さんですが、順さんの後日談を紹介しましょう。

順さんは、おばさんに「なにしてたの？　親の面倒みるのは子の務めでしょ」となじられて弟に電話して喧嘩になり、「もういい。俺が面倒見るから！」と言ってしまいました。順さんの決意も、社会的使命感に促されたものでした。

そのあとに順さんは「介護と心の相談室」にきてくれ、結果として弟との関係を修復することができたので、いい展開となりました。弟が介護のキーパーソンになってくれたのです。

順さんは月に二度、週末に行って弟と交代します。

おばさんにも思いを伝えて、お願いしたら、かなりの戦力として動いてくれるようになりました。家族のマネジメントをやり直した形で、順さんは仕事を続けています。

順さんは専門家に相談することで冷静になれましたが、そうなれず、「俺が面倒みる」と意地を張って、ひとりで介護を背負い、意地っ張りを自分のなかで「使命感」に置き換えてしまうという場合があります。

置き換えられた使命感では持続力が保てません。

社会的動機付けが強いと思うかたは、ネゴシエーション力を発揮し、関係者に助けてもらいつつ、早い段階から環境マネジメントを行うことをこころがけましょう。環境が整備されると、仕事と介護が両立しやすくなります。

助けてもらう。利用できるサービスをフルに使う。なるべく自分が体を動かさない方向で、計画を考えていくと使命感も持続しやすくなります。

モチベーションの推移

すべての動機付け（モチベーション）には、時間的な推移があります。

1、「よしやろう」という気持ちが湧き（目標に向かって行動を立ち上げる）
2、要介護者が満足するような生活を、プロデュースする（方向付け）
3、要介護者の新しい生活を護る行動を持続する（支える力）

たとえばこういう展開です。
「私が面倒を見る」とスタートした時点では、1の「よしやろう」という気持ちが湧き、意欲まんまんでした（目標に向かって行動を立ち上げる）。

そして、2のケアプランも決まり、キーパーソンとして両立の生活設計もできました（方向付け）。

ここまでは順調です。

しかし、時の経過とともに疲労感が増してくると、思い通りにならないことへの怒りがときに湧き上がります。ここで3の、要介護者の新しい生活を護る行動を持続する（支える力）があるかどうかが、が試されます。

支える力のなかには、「怒りのコントロール」が含まれます。

怒りがコントロールできず、怒りの矛先が味方になるはずの家族に向かうならば、家族崩壊、介護職の人（ケアマネジャーやヘルパーなど）ならばクレーマーやモンスターケアラー、要介護者に向けられれば「虐待」という、悲劇的な形になっていってしまうことも、まま、あるのです。

怒りで我を忘れるようなことがあったら、要介護者から少し離れ、深呼吸や気晴らしをして、気持ちを落ち着けましょう。

自分では調節がうまく行かないと思ったら、早めに専門家（ケアマネジャー、医師、カウンセラーなど）に相談し、ケアプランを見直したり、怒りをコントロールする方法を探ってください。

高齢者虐待とまでいかなくても、介護していれば誰も、ふとしてしまう自分の冷たい態度、無駄な口答えなどに、傷ついているものです。

それが少しエスカレートして、ちょっとした暴言、軽い暴力のような「虐待」をしてしまうと、そのあとの自己嫌悪感、やりきれなさは、思いもかけない強さで介護者をさいなみます。

自分で介護を引き受けていながら、弱い守るべきひとに当たり散らしてしまったという後悔から抜け出せず、自分はダメだと思う気持ちが強くなっていくと、介護うつの道を歩んでいってしまうことも……。怒りには、負のストレスが常につきまとうのです。

ここで理解していただきたいことは、介護がどのような動機付けでスタートしたとしても、どんなに自己コントロールができているひとでも、疲労の蓄積や想定外なことばかりが起こる介護生活の中では、介護虐待が起こりやすいということです。

メンタル疾患以外にもストレスの影響で高血圧、心臓病、大腸炎、自己免疫疾患などになってしまうと、３の支える力がなくなっていきます。

心の危機のとき、相談できる専門家を持っていること。体の危機を感じたら相談できる医師がいることも、介護者を支える大きな力です。

仕事をしていることが、怒りの矛先である要介護者から離れ、冷静になる。職場が気分転換になるという効果も大きいものです。

仕事と介護の両立のためには、職場が大切な拠り所にもなります。

「自分ファースト」でいい

仕事としているプロの介護士でも、交代しなければ質を保てないのが介護です。それほど、心身ともに負担が大きい仕事なので、自分の仕事と心身に無理のないマネジメントを心がけるべきです。

そうでないと、両立は続かない。

だから介護にとりかかるときは「自分ファースト」と何回でも言って、思って、無理のない計画かどうか、確かめてください。

キーパーソンが倒れたら、一番困るのは護るべき要介護者です。

つまりは自分を護ることが、両立介護を続けられることとなのです。

だいたいのかたは突然やってくる介護にパニックになり、自分の介護の動機付けがなにか、わからないままスタートします。

そして、介護はどんなに上手くやりこなせていてもストレスが必ずかかります。仕事との両立であれば、なおさら日々の生活の中で、ストレス場面が出てきます。

ストレスを感じない介護者は、誰ひとりいないでしょう。

動機付けという観点から見たとき、あらかじめ自分はこの人（親・配偶者・自分が介護することになりそうな人）の介護をすることになったら、どのような動機付けから介護をするのだろうか、と気持ちの整理をしておくと、その後の環境や心のマネジメントがしやすくなります。

介護も長くなってくれば、動機も変化するかもしれません。その時は自分の気持ちを素直に受け入れ、それぞれの場面で関係のある人たち（家族・親せき・ケアマネジャー等の介護スタッフ・会社・医療）にもそのことを伝え、マネジメントを見直せば良いのです。

日々起こるストレスを少しでも減らすことができるはずです。

自分の動機を知る
⬇
カミングアウトする
⬇
マネジメントする

何事においても大切ですが、介護と仕事の両立には、特に考え方や心の柔軟性が必要になります。

自分の動機はなんだろう。今の自分と要介護者の体と心の状態はどうだろう。仕事と介護の両立で負荷がかかっていないだろうか。負荷の原因はなんだろう。そういったことを介護者は常にスクリーニングしていきましょう。

両立へのメンタルヘルス　六つのポイント

介護と仕事を両立していくためには、介護のストレス、職場でのストレスの両面を意識していくことが大切になります。

職場のメンタルヘルスを支えるのは、

1、仕事の満足度
2、人間関係
3、健康、睡眠

です。両立していると、この三つにも影響がでてきます。介護の心のマネジメントは、職場と介護現場のダブルで考えなくてはならないのです。

まずは一番の敵、「介護うつ」を知りましょう

ポイント1　うつ症状を知る

うつは、介護全般で起こりますが、認知症介護では特に要注意です。

抑うつ気分

- 気分が落ち込む
- 悲しい
- 憂うつ
- やる気がでない

思考力の低下

- 集中力が低下し、仕事の能率が落ちる
- 些細なことが決められない
- 人の言うことがすぐに理解できない

意欲の低下

- 今まで好きだったことや趣味をやる気になれない
- 友人や家族と話すのが面倒、話していてもつまらない
- テレビをみても興味がわかない
- 身だしなみやおしゃれに関心がわかない
- イライラして落ち着かない。そわそわしてじっとしていられない
- 毎日生活に張りが感じられない

身体面

- 不眠や過眠
- 中途覚醒
- 拒食、過食
- 疲れやすい
- 頭痛

●関節痛など全身の痛み
●動悸

「うつ」と、ひとくちに言っても、気分、思考力、意欲、身体と、さまざまな症状にでてきますので、注意して自己チェックしてください。

これらの症状が継続的に起きていて、持病からくるものではない場合は、心療内科などを受診しましょう。そして介護プランも見直しましょう。

心のマネジメントが必要な認知症介護

介護と仕事の両立を難しくする病の筆頭は、認知症です。

記憶や見当識（いま、どこで、自分はなにをすべきかわかっている）が障害されるので、迷子になって帰れなくなったり、火事を出すなどの危険、衣食住がままならなくなり、つききりに近い介護が必用になってくるからです。

ひとり、あるいは老々介護の生活が危険になってくると、子供世代がその環境を安全なように整えなければなりません。

認知症介護が難しいのは、

1、衝撃が大きいのに、すべてに迅速性が求められる
2、兄弟姉妹間の温度差が生じやすい
3、認知症理解が難しい、進行によって介護も変化していく

の三つです。

離職した孝さんや、弟と対立してしまった順さんのように、親の変化にショックを受けて、冷静な対応ができなくなることをなんとか防ぎたいものです。

親のもの忘れが出てきたら、TVや本、ネットの情報で認知症を理解していきましょう。理解できていれば、いざというとき、混乱しません。

落ち着いて、ひとつひとつ順番を踏んで行動し、介護保険サービスを上手に導入すれば、仕事と介護の両立は可能です。

では、心のマネジメントに戻ります。

介護が始まるときは、やみくもに取り組むのではなく、まずは介護者が陥りやすい不調や病気を調べましょう。知っていれば恐れや不安がだいぶ軽減されます。

介護者が介護から離れざるを得ないのは、疲労からくる自分自身の病気、そして二五％ものひとが陥る「うつ状態」からです。

「介護うつ」を、決して人ごとと、とらえないでください。

「うつ」になりやすいのは、完璧主義や頑張りすぎです。いい意味での、いい加減さを心がけましょう。

認知症の初期から中期にかけては、介護する側のストレスは重く、睡眠不足と過労で「うつ」やパニック障害、心身症になりやすくなります。

そのうえ介護離職したら、仕事で得ていた達成感や自己肯定感がなくなります。さらには、認知症介護では達成感が得られにくく、意気消沈することや徒労感ばかりが募るのです。ですから、「うつ」や心身症になる危険性が極めて高くなります。

介護と仕事を両立することは、心の健康においても、とても大切なことなのです。

ポイント2　「白か黒か思考」に陥っていないか？

失恋したとき、あるいは人生でひどく傷ついたとき、「ああ、自分はダメだ、なんの価値もない」と落ち込んだことはないでしょうか。これは「白か黒か思考」です。

しかしこの考え方は、選択肢がなくなったとき感じる、心の自然な防衛的な動きなのです。

もうダメ。理想的な自分でなくてはダメと思い、ちょっと落ち込む。

しかし失恋の場合は、苦しくてもう生きていけないと思っても、時間が経てば冷静になり、相手の欠点も見えてきて、「あのひとは私と合ってなかった」と乗り越えていきます。しかし介護の「白か黒か思考」はなかなか危険です。

介護のキーパーソンにほかになってくれるひとがいない……親戚や兄弟の誰も、この危機を理解していない……距離が遠い、子供が大変、仕事が大変と、無邪気に介護から逃げていき、家族会議も開くことができないというかたが多い。

ひとりで介護を抱え込んでの仕事と介護の両立は大変なのだけれど、我慢している。なぜなら介護を引き受けるひとは、優しい愛情深い、良識的なひとだからです。

しかし、そこからが問題です。

冷たい周囲に傷つき、利己的だと怒り、自分がやらなきゃと意地になる……悲壮な決意に奮い立ち、完全な介護をしようと誓う……しかし介護は、宿命的に解決にもカタルシスにも、向かわない……苦労のかぎりの介護が効果をあげず、親の病気が進んだり、体力がなくなったりしていく……それを感情的には受け入れられない。

しかし、あなたは、周囲への怒りは感じても、自分の心が傷ついていることに気づかない。

そんなとき、うつに陥りやすいのです。

怒りで黒か白かの思考になると、損をするばかりです。怒りのコントロールがここでも問題なのです。

また、目的に向かって正しい道を進んでいくのだという直線的な思考形態だと、解決や達成感が得られにくいのが介護ですから、気持ちを外されてしまうことが重なっていきます。

介護は○か一○○ではないし、白か黒かわかるものでもない。グレーなまま、行き当たりばったりに進んでいきます。

ですから、しなやかに、したたかにと、こころがけましょう。困った現実に遭遇しても、「そうきたか」「退屈させられないね」とせせら笑うぐらいにニヒルなほうがいいのです。

ポイント3　「うつ」っぽいと感じたらすぐに行動

ふさぎ込みや「堂々巡り思考」が続くときは、精神科、心療内科などを受診したり、カウンセリングルームを訪ねましょう。

精神科医やカウンセラーは、職業的に守秘義務がありますから、人には恥ずかしくて言えない怒りや攻撃的な気持ちも言えるし、泣いてしまって気持ちを吐き出しても大丈夫です。

行政の「介護なんでも相談室」「介護電話相談」など介護の専門相談室では、やさしく話を聞いて相談に乗ってくれます。

民間の相談室もたくさんあります。

介護と心の相談室、男性介護者の会、働く介護者の会、おひとりさま介護の会などを訪ねてみましょう。

介護ストレスは、語ることでだいぶ楽になりますから、早いうちから、語り合う人、語れる場をみつけておくことが大切です。

ストレスを発散しつつ、介護を続けていきましょう。

介護者同士で発散することも大事ですが、介護の現実を忘れることも大切。

いつもの友達と、こころ置きないおしゃべりを楽しんだり、恒例になっている同窓会、友達との温泉旅行などがあれば、やりくりして参加する。そういうリフレッシュも必要です。

ポイント4　レスパイトケアを実行

あれ、「うつ」っぽいな？　疲れが抜けないな、と思ったら、すぐにでもレスパイトケアを実行しましょう。

ケアマネジャーに相談して、要介護者をショートステイなど、お泊りできるサービスに送りだし、自分の休息の時間をつくることを、レスパイトケアといいます。

デイサービスでも良いのですが、出来れば一日以上、いったん介護と離れてゆっくり休み、気分転換し、良く眠ることがなによりなのです。

いったん離れて好きなことをして、リフレッシュすれば、また元気が湧いてきます。

また、ショートステイをルーティン化して、定期的に要介護者と離れて休息するのも、介護を続けるためのポイントです。

ポイント5　自分を褒める

たとえば、入浴がうまくいったら、「よし、よくやった」と言葉に出して自分を褒めましょう。

怒りや悲しみに囚われそうになったら、

「よくやってるよ」

「優しいね」

「えらいな、自分」

と声に出して自分に語りかける。心に語りかける。すると不思議に心が軽くなります。

一人でお茶を飲む贅沢。

きれいな花を飾って、好きな音楽を聞いて、ちょっと贅沢な食事をする。

いままでしていた楽しみも罪悪感なしに実行しましょう。

「マネジメント上手だからできたんだよね」と自分を褒めつつ。

ポイント6　本人と家族に認めてもらう

肯定的な態度、言葉が介護者の心を守ります。

介護と仕事の両立に忙しいひとは、時間のやりくりだけで精一杯かもしれませんが、そんな生活のなかででも、ときどき相手から「いいね」を、引き出してみましょう。

自分が作った料理がおいしいと思ったら、「おいしい？」と聞く。「おいしい」と言葉がかえってくると癒され、ほんわかした気持ちになれます。

家族に、肯定的な言葉を言ってもらうのも有効です。

「これでいいのかな。私、ちゃんとやってるかな」

「いいよ」

「いいんじゃない」

家族に機会をみて、ときどき褒めて、励ましてと頼むのも、良いことです。

家族がいなければ、ケアマネジャーさんやお友達でも良いですね。

9章

病気のマネジメント

介護が必要になる「脳血管障害」と「がん」

高齢者の介護が必要になる病気は、

一位　脳血管障害
二位　認知症
三位　高齢による衰弱
四位　骨折・転倒
五位　関節疾患（リウマチ等）

です。

認知症以外は、入院手術が必要な時期を経て、在宅療養が必要な時期がきます。
この章では、「脳血管疾患の、在宅療養のケース」。「がんの情報収集、治療の選択、看取り」の二つのケースで解説します。

「脳血管障害」は環境を整え適度な刺激を

【発症・急性期】

突然意識を失う、顔面麻痺、ろれつが回らない、手足がだらんとする、などの症状が出て、脳専門病院に救急搬送され手当を受けるという状況の時期です。早期発見と、ためらわずに救急搬送することが重要です。

手術や治療が一段落すると、すぐさまリハビリが始まります。

【回復期】

病状は安定したが、麻痺が残るという場合は、回復期リハビリテーション病院への転院を勧められます。

そこでは機能訓練や日常生活の訓練が行われます。

この二つの入院のあいだに、家族が呼び出しを受け、医師から病状説明があります。リハビリテーション病院退院後の生活をどうするのか、退院支援の相談窓口で、相談するようにすすめられます。

病院には、医療連携室、地域連携室などの相談窓口があり、看護師や医療ソーシャルワーカーがいて、介護が必要なら、介護保険の申請をすることを案内してくれます。

［退院後の準備］

1、本人がどういう生活を送りたいか、家族がどのように支援するか。自宅か施設かの見極めをする。
2、再発を防ぐ服薬や、生活の仕方などを確認する。
3、介護保険を申請して、福祉用具のレンタルをし、トイレ、風呂などに手すりをつけたり住宅改修をする（住宅改修者は二〇万円まで無料）
4、食事、入浴、家事支援の介護体制を整える。
5、吸引、経管栄養などの医療が必要なときは、訪問診療、訪問看護、訪問薬剤師などの医療体制を整える。

［安定期］

自宅か施設で、医療や介護サービスを受けて暮らす。機能維持やリハビリテーションを受けつつ、趣味や旅行を楽しむことができる。

［廃用症候群を防止する］

手術直後からリハビリが始まり、その早さに驚いたという話をよくききますが、入院治療で安静にしていると、心身機能が衰え、退院後に日常生活を送ることがままならなくなることを防止するためです。

退院してきてからも、適度な外出、運動などで体を動かしたり、心に刺激を与えることが大切です。

その意味でも、デイサービス（通所サービス）、デイケア（通所リハビリ）を利用しましょう。

「がん」は情報を的確につかんでマネジメント

[診断のときから家族が同行]

家族のがんが見つかったとき、家族も第二の患者になると言われています。それほどにショックを受け、混乱するのです。

高齢者では、がんに罹患していて種々の症状が起きていたとしても、老化だと思い込んでいて発見されたときは末期ということが多く、高齢者ゆえに手術すべきか、抗がん剤を投与すべきか悩みます。

また、この先生の勧める治療法でいいのか、ほかに治療法がないのかと混乱します。

[まずは標準治療を知る]

がんの疑いを告げられたとき、子供世代が調べるのは、インターネット。ネットには、「苦痛のない療法」「自己免疫力を高めて治す」などの文言でいろいろな療法が並んでいます。

しかし、そういうサイトをネットサーフィンしてはいけません。

調べるべきは、国立がん研究センター、キャンサーネットジャパンなど公益性の高い、患者用に書かれた情報サイトです。

そこでは、大腸、肺、腎臓などの体の部位で、標準治療を説明しています。

さらによく勉強したいときは、数は少ないのですが「○○がんガイドライン・患者用」を買い求めて一読するのも良いです。患者用がなくて、医師用でも、ネットで勉強しながら読めば、ある程度は理解できます。

書店では売っていないので、インターネットサイトなどで購入します。

標準治療とは、いままでの治療実績で、一番効果があるとされている治療法です。

先端治療、先進医療と言われるものは、まだ実験段階の治療法。これから標準治療に加えられるものもあれば、成績がよくなければ、消えていく治療法もあります。

高価ですし、治療するひとに合わなければ危険でもあるのです。

「検査結果をもらおう」

がんの疑いを告げられてから、治療法を確定するために、追加の検査がおこなわれます。その結果を医師から聞くときは、家族の同席を求められます。

そのときまで、ガイドラインで標準治療がどんなものかをつかんでおいて、説明を聞くと、よくわかりますし、わからないところを質問できます。

ある程度の知識を得て、聞くべきことをメモして用意すると、頭の整理ができますし、限られた時間が有効に使えます。

また、医師の説明のメモをとったり、医師の了承をとって録音しておけば、あとで聞き返して整理できます。

医師はよく図解して説明しますから、その図解ももらっておきましょう。

検査結果の、ステージ（病期）、細胞の悪性度（グレード）などが書いてある紙をもらい、わかるところに大切に保管しておきましょう。

ほかの病気で医師にかかるときや、救急車で運ばれるようなときに、医療従事者に見せればすぐに本人の状態をわかってもらえます。

検査結果でわからないところがあれば、がん拠点病院の患者相談室で聞きましょう。その病院の患者や患者家族でなくても、がん専門看護師が相談にのってくれますから、利用してください。

［治療法を選ぶ］

医師に任せて、いい患者になっていればいい、という時代は過去のもの。いまは、

- 手術か放射線か化学療法か、などの治療法
- 再発予防の抗がん剤をするかしないか
- 再発予防の抗がん剤をするなら、どの組み合わせがいいか

などを患者が選ぶ時代です。

高齢者でも同じで、本人が選ばなければなりません。

しかし、親世代は「医師におまかせ」世代。また、医学用語は理解し難く、医師の説明はわからないところだらけですので、選びようもありません。

がん治療は日進月歩。抗がん剤も分子標的薬、遺伝子により個人の適正を調べる、などの難しい治療があるので、子供世代が自ら学んで、そのうえで親世代に説明する場面が、多々出てきます。

治療の選択が必要なときは、子供世代が、あらかじめ医師に、高齢者にその治療をしたときのメリット、デメリットを聞いておくことが大切です。

高齢者では手術や治療の際の麻酔、抗がん剤の副作用などが問題になります。

［セカンドオピニン］

ほかにも治療法があるとき、主治医が勧める治療法でいいのか、または不信感が募るときは、べつの医師に意見を聞く「セカンドオピニオン」を求めることができます。

主治医に○○の病院の○○科、あるいは○○先生に意見を聞きたいというと、紹介状と検査記録をくれます。

そこで納得して、主治医のところに戻ることが多いのですが、セカンドオピニオン先の治療法を選びたいという場合は、まずは主治医にその治療を検討してもらいましょう。

病院や主治医を変更するときは、慎重にする必要があります。がん難民という言葉がありますが、ドクターショッピングになってしまっては、適切な治療に行き着けません。

［抗がん剤の有効利用］

抗がん剤は、適切な使い方をすれば、強い味方になります。

「再発を予防する抗がん剤は、頑張ってしっかりやることが大切」
「全身転移した後の抗がん剤は、ＱＯＬを大切に無理してやらないのが大切」

と言うのは勝俣範之先生（日本医大武蔵小杉病院、腫瘍内科教授）。ＮＨＫの『ドクターＧ』では、「原因不明がん、治療法がないので末期」といったがんを勝俣先生が解明し、命を助けたドキュメントが放映されました。

たとえば乳がんの温存手術のとき、手術では取りきれなかった肉眼では見えないがん細胞が残っているかもしれないので、二五回放射線をかけて、見えないがん細胞を消滅させます。

しかし、もっと範囲が広がっていたり、がん細胞の悪性度が高い場合は、放射線に加えて、再発予防のための抗がん剤を医師は提案します。

このような再発を予防する抗がん剤は、副作用に耐えても、頑張ってやるべきと解くのです。

なぜなら、再発しなければ、がんは治り、ふつうの生活ができるからです。

再発すると、がんと共存するしか道はありません。

「全身転移した後の抗がん剤は、ＱＯＬを大切に。無理してやらないのが大切」というのは、全身に転移したがんでは、抗がん剤をするにしても、効き目と副作用と生活の質をくらべてみて、医師とともに検討して納得したとしたら、無理に抗がん剤をしない、という考え方です。

勝俣先生は、やみくもに手術や抗がん剤を恐れたり、忌避したり、治療しても無駄という医師の本がベストセラーになる現実を憂い、がん患者会活動に積極的に参加しています。

抗がん剤の啓蒙活動、トンデモ医療（インターネットで大々的に広告し、根拠のない高額な医療を行う）撲滅の運動、患者と歌を歌う「メディカルラウブイブ」の活動をしています。

［緩和医療を積極的に取り入れる］

緩和医療は、治療と平行して体調をベストに保つために受けるものです。

緩和医療に詳しい専門医が主治医と連携し、患者の心身の特質を見極めながら、痛みを止めたり、吐き気を抑えたり、気分の落ち込みを軽くしたり、その人に合った治療をしてくれます。

たとえば、孫の結婚式に出たい、旅行に行きたい、というときに合わせて体調管理を実現してくれるのも緩和医です。

適切な緩和治療を受けることで、痛みや不調が軽減され、生活が快適になり、生存期間が伸びることがわかっています（『ニュー・イングランド・ジャーナル・オブ・メディスン』で、肺がん患者で抗がん剤といっしょに緩和医療を受けた患者が、そうでない患者に較べて三ヶ月延命したという論文が発表された）。

［終末期まで普通の生活ができる］

がんでは、一般に終末期の半年前から一ヶ月前まで、比較的体力が落ちず、それまでの生活を送ることができます。

しかし、じょじょに体力が弱り、仕事や家事など、できなくなることが増えていくので、体調にあわせて支えが必要です。

がんがタンパク質に悪い影響を与え、がくんと悪化するのががんの特徴で、終末期前には、全介助が必要な時期がきます。

このように、がんの場合はできるかぎり自立した生活を助け、終末期の中期から後期にかけては、手厚い支えをするなどメリハリが効いた援助が必要です。

終末期に在宅で療養する場合は、医療と連携した介護体制を整えることになります。

がんの終末期は看取りの項目で解説します。

10章

感動の看取り・相続の問題

看取りは怖くない

明るい印象の一枚の写真があります。

家族がみないい顔をしてVサインをしている。でもすごい写真です。よくよく見ると手前にあるのは、老親のご遺体なのです。

小笠原文雄先生（在宅医療日本在宅ホスピス協会会長）の『なんとめでたいご臨終』（小学館）の本の、実例に添えられている写真です。

「やり遂げた」

「安らかに旅立って、悲しいけれど、感動し安堵した」

と語る家族。納得する看取りが、家族を癒すことが伝わってきます。

小笠原文雄先生は、医療と介護をしっかり結びつけて、在宅で家族が感動し、微笑む看取りを実践しています。

また、鳥取で、数千人の看取りをしてきた医師、徳永進先生は多くの著書のなかで、それぞれに違う、素晴らしい看取りを紹介しています。

徳永先生と看護師が全力を傾けるのは、家族と本人の「なかよし時間」がくるように、陰から支えること。

船頭さんで働船に乗りたいといえば、医師、看護師といっしょに船に乗りました。昨日までベッドで伏せっていた船頭さんは、はつらつとして船に乗り、かいがいしく皆の世話をし、それから穏やかな表情になられ、旅立たれました。

特別擁護老人ホーム、さくら苑では、入居者が末期がんとわかったとき、ある職員が、「一番したいことはなに？」と聞きました。

「ナイアガラの滝を見たい」

それを聞いた理事長は本人の貯金をつかい、付き添いつきの旅を実現しました。

入居者はたいへん満足し、余命宣告から半年を伸ばし、次の桜をベッドで窓から見ながら、穏やかに旅立ちました。

小笠原先生、徳永先生お二人ともに主張していることは、「看取りに立ち会うことは重要ではない」ということです。

言葉が話せるうちに言葉をかわし、聴力が残っている死の間際には、やさしく声をかけるのが一番。息を引き取るときは、たんに死のひとつの過程でしかなく、そのときは脳内の麻薬に似た分泌物で、本人にはもう、苦痛も懊悩もないのです。

看取りを恐れることはありません。

介護と同じ。正しい情報を得て、家族が思いをひとつにして、正しくボタンをかけていけば、穏やかな「希望死、満足死、納得死」を実現できます。

それぞれの場所で

4章で紹介した、クレーム処理の専門家になりたい、というセカンドキャリアプランを立て、名古屋の父のところに通い続けた雅美さん。父の看取りは東京でした。

グループホームでの生活三年目に、父が骨折して車椅子での生活になると、父のそこでの暮らしが難しくなってきました。

父の認知症がわかったときから、雅美さんは、近くの特別養護老人ホームに申し込みをしておいたのですが、そこに改めて相談に行き、父の窮状を訴えました。

しかし、まだまだ順番待ちで「入居を決める会議には出してみるけれど、いつ入所できるかわからない」ということです。

そこで名古屋のマンションを売って、入居金を用意して、雅美さんのマンションの直ぐ近くにある、介護で評判の高い有料老人ホームにひとまず入りました。

それから二ヶ月して、入所できるという通知がきて、父を特養に移しました。三ヶ月以内だったので、有料老人ホームから入居金が返ってきました（クーリングオフ）。

「特養は入れないだろうとも思いましたが、訴えてみることは大事ですね。歩いて一〇分の特養に入れたので、看取りのときは毎日通い、納得する見送りができました」

あしかけ五年の両立生活でしたが、その間にも着々とセカンドキャリアへの準備ができ、新たな資格も取ったそうです。

「名古屋にいく新幹線の二時間が、勉強時間でした」

と晴れ晴れと、報告してくれた雅美さんでした。

看取りへの本人の意思確認

終末期、本人の病が重かったり、認知症が進行して、自分の意思を言えないとき、家族が延命するのか、しないのか、治療の選択をしなければなりません。

このときのために、あらかじめ準備をしておきましょう。

[本人の意志を聞いておく]

本人の意向を元気なうちに聞いておき、書いておくと、終末期の医療の選択で介護者間でもめたとき、決定に役立ちます。また本人の意志が変わることもあるので、介護が始まるときに、再度聞いて、書いておくことも大切です。聞いておくのは、次のようなことです。

- 病院で死にたいか、自宅で死にたいか。
- どんな看取りがいいか――家族に囲まれていたいか、静かにひとりでいたいかなど。

●延命治療を受けるかどうか。
●胃ろう、人工栄養（中心静脈栄養、点滴）人工心臓、透析、これらを知っているかどうか、したいかどうか。
●終末期に入ったとしたら、どんなことがしたいか。誰に会いたいか。

［介護する家族であらかじめ、あるいは看取りのときに、話し合っておく］

本人の意思の通りにするのが一番納得のいく看取り方ですが、本人の意思が確認できないような状況で看取りが始まったときに、どう対処するのかを家族や親戚で話し合っておくと、いざというときに、慌てずにすみます。

●延命治療を本人が望むか、望まないかを本人に聞いたひとが、みなに伝える
●延命について本人の意思に従うかどうか
●会いたいひと、したいことを尊重するかどうか
●救急車を呼ぶかどうか

救急車は延命のためにあるのですから、呼べば自動的に延命措置が始められ、人工呼吸のそう着、器官切開などが行われます。それから意識のないまま、何日か何ヶ月かで亡くなると、家族は「苦しめたのではないか」と後悔したり、兄弟姉妹間で争いになったりもします。

元気なうちに、「終末期医療の選択」を聞き、書いておくと、医療機関に運ばれても、延命治療をストップすることができます。

とはいえ「終末期医療の選択」で無理な延命を止める法律はありません。

しかし、以下の二つは効力があります。

1、**尊厳死宣言公正証書**（遺言とは別に、公証役場で公正証書にしておく）

「医療従事者及び近親者に対し、現代の延命治療技術がもたらした 過剰かつ無益な延命措置を断り、自然な死を迎えたいとの希望を表明する宣言」

2、**日本尊厳死協会**

入会して会費を払うと、リビングウイル（終末期医療における事前指示書）と会員証（カード）を送ってきます。リビングウイルは協会にも保存されて、医師などからの問い合わせに応じ、本人の意思であることを証明します。

父の意思で延命治療をしなかった真木さん

認知症末期の真木さんの父親は、誤嚥性肺炎で二度入院し、医師から終末期で、胃ろうをすれば、延命もできると告げられました。

「父の意思で延命治療はしない、そう聞いていますので、胃ろうはしません。点滴なども中止してください」

と真木さんは伝えましたが、医師はなかなか応じません。真木さんの下に弟と妹がいますが、弟や妹が病室にくると、医師が説明にきて、胃ろうをつけるかどうか、聞くのですが、弟や妹は父に聞いていないので、「姉にまかせています」と言うしかできません。

「医師は訴訟が怖いので、子供たちが延命拒否で一致しているのか、確かめていたんだと思います」

と真木さんは振り返ります。

医師が再度、ＭＲＩを撮るというので、大きな音が苦手な父がかわいそうだと思い、陽子さんは思い切って尊厳死協会の会員証をみせました。

「ああ、会員だったんですね。安心しました。点滴など止めましょう。実はそのほうが、ずっとお楽なのですよ」

点滴をやめて一週間、三人の子供と家族がつきっきりで看病し、意識のない父に話しかけて過ごし、父親は静かに亡くなりました。

法的整備が遅れている日本

実は尊厳死宣言公正証書にしても、尊厳死協会のリビングウイルにしても、法的に認められているわけではありません。

ですから、医師たちはよくよく家族に確かめてからでないと、治療的にはなにもしないで自然な経過にまかせる、ということができないのです。

家族のいない高齢者を支えるために、成年後見人がつく場合がありますが、成年後見人も終末期医療の判断はできません。

厚生労働省では、終末期のガイドラインをつくり、本人の意思を尊重しながら周囲が終末期医療をどう選択すればいいのか、その基準を決めています。

老衰の看取り

私の叔父は、要介護になり有料老人ホームで人生の最後を過ごしました。

亡くなる一ヶ月前から極端に食欲が失せ、眠りがちになり終末期に入りました。

夜九時に施設の職員が巡回したときは、職員とアイコンタクトができ意識がありましたが、二一時半の巡回のときには、静かに眠るように呼吸が止まっていました。

突然のことでした。訪問診療の医師がすぐに往診しましたが「老衰」という診断書がでました。

延命措置もしていませんのでチューブにつながれることもなく自然体でとても穏やかな表情で旅立ちました。八九歳でした。

だいたいは寝ついて、しだいに衰えて、亡くなるのが老衰ですが、さっきまでこたつでみかんを食べていたのに、亡くなっていた、というような、ピンピンコロリもあります。

ひとり死

ひとりで亡くなっているのが見つかると、事件扱いとなることがあります。

終末期の状況ならば、救急車を呼ぶ前に、かかりつけ医に連絡して、指導を受けましょう。かかりつけ医がいて、診察している事実があるなら、よほどの変事がないかぎり自然死として扱われます。その意味でも介護生活に入ったら、かかりつけ医をもつことが大切です。

介護施設・ショートステイでの看取り

介護施設で看取りをするところは増えています。

介護保険制度の改革で「看取り加算」もつきました。死を人生の一部と捉え、現実に合わせた看取りが行われています。

施設を利用するときは、看取りの有無も聞いておきましょう。

ショートステイのとき、終末期であったら?

かかりつけ医と家族の同意があれば、看取りも引き受けてショートステイできる施設が増えています。

相続の問題　多加子さんの場合

多加子さんは夫なきあと、公務員として働き、同居している義父がパーキンソン病、義母は認知症となると、二人を介護しつつ暮らしてきました。

「この家は多加子に残す」

と義父母が夫の姉に常々言っていたので、多加子さんは安心していたのですが、二年して義父母が亡くなったとき、夫の姉は法律に決まった相続分を要求し、多加子さんは介護の寄与分を家庭裁判所に申し立てましたが、寄与分の証明が難しく、認められませんでした。結局、多加子さんは家を出ていかざるを得なくなりました。

介護してきた人が直系親族でない場合は、相続権そのものがないので、多加子さんのように、家を追い出される。こういう不公平極まりない事例があとを立たなかったのです。

ただし遺言があれば遺言どおりに相続されるので、もし多加子さんの義父母が「家を多加子に遺贈する」と遺言を作っていれば、問題なかったのです。

介護が始まるときに、まだ被介護者の意識が清明なときに、遺言を作っておいたほうが、いいと思います。

介護の開始とともに、終末期、相続まで視野に入れて、家族間で話あうことが大切です。

民法の改正

二〇二〇年から民法が変わり、介護に尽力した相続人以外の親族が、法定相続人に金銭の要求が認められるようになります。

介護などで貢献した人が、相続人に金銭を要求できるのは、

- 相続権のない、いとこの孫などの六親等以内の血族
- 姪や甥ら三親等以内の親族の配偶者。

とされています。

大きな改正は、配偶者優遇です。

二〇年以上、結婚生活を続けてきた夫婦にかぎり、残った伴侶が住んでいる家は、相続税の対象からはずし、終生の「配偶者居住権」が認められるようになります。

「配偶者居住権」は「所有権」と「居住権」に分かれます。

残された配偶者は、居住権を取得すれば、自宅の所有権がほかの相続人や第三者に渡っても、そのまま自宅に住み続けることができます。

たとえば、いままでの法律では妻と子供二人の相続で、家が四〇〇〇万円、預金が二〇〇〇万円を相続したときは、相続財産は六〇〇〇万円です。

妻は二分の一ですから、三〇〇〇万円の権利があり、子供たちの法定相続分は一五〇〇万円づつになります。

でも預金は二〇〇〇万円ですから、家を処分しないと子供たちに支払えないことになります。

改正法では、妻の法定相続分は、家が配偶者居住権で二〇〇〇万円と評価されれば、配偶者居住権は二〇〇〇万円となります。

預貯金の二〇〇〇万円の二分の一の権利もあるので、家に住み続けて、一〇〇〇万円の生活資金にすることができます。

二人の子供たちは、預貯金の残り一〇〇〇万円を二等分して五〇〇万円ずつ相続します。

子供たちには、それぞれ一〇〇〇万円の家の所有権が与えられます。

相続とは必ず法のとおりに相続しなくてもよく、遺言がなかったり、記載された以外の財産が見つかった場合などは、相続人同士で話しあい（遺産分割協議を行い）受け取り分を決めることができます。

しかし、相続人全員が合意しないと成立せず、家庭裁判所で調停や審判を申し立てることになります。

相続人同士の交際があり、お互い理解しあっていればいいのですが、音信不通であるとか、不仲の場合は、介護の記録や金銭の出入りをしっかりと記載しておいて、相続のときに問題が起きても対処できるようにしておきましょう。

備えあれば憂なしです。

たとえば、遺言をつくるにも、執行人を誰にするかなどの判断力がいります。これからは家族で老後の生活の問題、相続の問題を話し合うことが常識、という風潮になっていくでしょう。

「死や老後問題など話すなんて、縁起でもない」と躊躇していたら、長い老後を乗り切れなくなるのです。

〈参考文献〉

『医療否定本の嘘』（勝俣範之著　扶桑社刊）

11章

がん終末期に学ぶ医療と介護の連携

がんと診断されたら介護保険を申請

介護休業の多くを、看取りのために取っておくひとが多いのですが、病の進行、看取りは、一概に予測できないので、ここでは、比較的予測が立てやすい、がんの看取りのマネジメントを解説します。

がんの看取りの場合、以下の三つのマネジメントをしておけば、ここぞというポイントに休業することで、満足のいく看取りをすることができます。

1、痛み、だるさ、不快の軽減（医療用麻薬モルヒネなどの使用、看護師の心のケアで痛みをとる）

2、動けなくなったときの日常生活の援助（家族やヘルパー、看護師の援助）

3、家族による本人の意思の尊重（本人が希望し、納得し、満足すると家族も、別れの悲しみやショックを乗り越えやすい）

これに加えて急変時（吐血、高熱、意識混濁など）に救急車を呼ぶかどうかも家族で話し合っておくことが大切です。急変のとき、訪問医に相談できれば、救急車をよぶかどうかの判断が楽です。

三つのマネジメントとは、家族の理解と、医療と介護、看護の連携ということですから、介護保険サービスを使うことが大切になります。

がんと診断されると、六五歳以上なら、それまで介護保険を使っていないひとでも介護認定を取り、サービスを使えるようになります。介護認定は入院中でも、病室にきてくれます。

入院治療ののち、退院のときは、医療と介護連携室などで、退院後の生活支援を計画します。

訪問医療を頼むときは、訪問医を紹介してくれます。モルヒネなどの疼痛緩和に詳しい訪問医も増えていますので、紹介してもらいましょう。

［訪問医］　通院が困難で継続的な診察が必要な患者の自宅に、定期的（月二回程度）に

訪問して診察、治療、薬の処方を行う。医療保険が適用される。訪問医療は自己負担が千円以下、夜間往診、深夜に連れて高くなるが何千円単位。そのときの自己負担学の上限まで支払えばよい。

【往診】 急な変化、熱がでたときなど往診して治療する。

訪問医が往診できない場合や、ほかの往診医になるということもあるので、地域包括支援センターか医師会などで確かめましょう。

がんの看取りの経過

終末期前期（三ヶ月〜一ヶ月前）

体力が落ち、トイレに行くのも支えを必要とするようになり、食欲は低下するか、食べようとしても、気力が続かなくなり箸もよく持てなくなります。

眠っている時間が長くなり、全介助に近い介護が必要になります。

人との関わりが面倒と言い出し、それまでの関わりから身を引くようになります。

終末期中期（二週間～一週間前）

眠っている時間が長くなり、幻覚や錯覚が現れるかたがいます。

血圧が低下したり、高熱が出たり、手足が冷たくなったり、心拍数が増加、たんが増加します。

終末期後期（数日～数時間前）

血圧の低下、手足が青紫になるチアノーゼ、呼吸が一〇秒～三〇秒中断、喉元でゴロゴロした音が聞こえる、などの経過があります。

緩和病棟、ホスピス

緩和専門医や訓練された看護師が、がん特有の痛み苦しみをモルヒネの二四時間皮下注射などで取り、心穏やかに死へ移行していけるよう、ケアする専門病院、病棟です。多くは家族が付き添って泊まれる宿泊スペースやシャワー、好きなものを調理できるキッチンなどを備えています。

必要なら牧師や宗教家を呼んでくれ、臨床心理士もいて、本人と介護家族の相談にも乗ってくれます。

「痛みは早めにとるのがいいんです、チクっとしたら呼んでくださいね、と言われ、ナースコールにはすぐにきてくれました。また、死が近くなっているのに、約束した日だからと寝たままシャンプーをしてくれました」

「感動的だったのは、目は開けられなくても聴覚は生きているから、と先生たちが母の枕元でウクレレで〈ふるさと〉を弾いてくれたこと。『よかったね』と言うと、わずかに母は頷き、涙を流しました。聞いていたのですね。ふるさとの歌に見送られて、次の日に旅立ちました」

緩和病棟で母を見送った雅子さんが語ってくれた経験です。

雅子さんのお母さんは膵臓ガン末期でしたが、すぐに緩和病棟を申し込んでも、二ヶ月待ちでした。

緩和病棟に入るためには、家族面接があり、お母さんの「積極的治療は望まない」とする同意書も必要だったということです。

緩和病棟は少なく、いまのところ、ガンとエイズしか入れませんが、ほかの病気でも入れるよう、制度の改革と、増設、新設が望まれています。

終末期医療の用語と基礎知識

［在宅医療支援診療所］ 二四時間、三六五日体制で、電話相談を受けつけ、必要なら訪問診療、往診を行う診療所。急変時には、協力病院に入院が可能。近所にあるか調べておきましょう。

［訪問介護］ 訪問看護ステーションから看護師が派遣される。

- 血圧、脈拍、呼吸などを観察し記録する
- 身体の清拭、洗髪、食事や排泄のケア、爪切りなど日常生活の看護
- 床ずれ、点滴注射、吸引、服薬管理、人工肛門、膀胱留置カテーテルなどの医療措置
- 拘縮（動かないことで筋肉や皮膚が硬くなり関節の動きが悪くなる）防止のリハビリ、嚥下の訓練など
- 介護環境へのアドバイス、介護者の相談にのる

看取りでは看護師の役割は大きく、また頼りになる存在。訪問医が「特別訪問看護指示書」を出すと、死の二週間前までに限られるが、看護師が毎日訪問看護することができる。

［ケアカンファレンス］ 退院のときに、ケアマネジャーが、関係する専門家を集めて、本人と家族の意向を聞き、患者情報を全員で共有する会議。

その結果にそって介護用ベットの手配、訪問入浴の手配などを、ケアマネジャーがする。家族はできるだけ介護の面を楽にして、本人とゆっくり話したり、精神面での支えに力を注ぐのが合理的。

［訪問歯科診療］ 訪問歯科では一般的な歯科治療のほかに口腔ケア、誤嚥予防も。

［訪問服薬指導］ 訪問服薬指導とは、薬の管理、飲み残しなどのチェック、薬に対する疑問、サプリメントの相談など。

［言語聴覚士］　言語障害、聴覚障害のある人の検査・指導・訓練などを担当する専門職嚥下機能検査もする。

12章

認知症を知る

認知症を知る七つのポイント

認知症は海馬の弱りだけでなく、脳全体が萎縮したり、アミロイドやレビー小体が脳に悪さをして発症します。

どの原因で、どこが障害されるかで、病気の種類が違い、対応も少し違ってきます。

ポイント1　認知症とはなにか

脳の変性や病気（ときに原因が複合する）記憶障害、見当識障害、思考や判断力の障害がでて、日常生活に支障がでる状態の総称です。

記憶障害とは、脳の海馬の縮小により、記憶を貯めておけなくなり、かつ取り出しにくくなる。過去のことや動作（自転車をこぐなど）は覚えていられるのに対して、最近の記憶から失われていきます。重度になると家族の顔もわからなくなります。

見当識障害とは、「いま、ここがどこか、私の立場はどういうものか、なにをすべきか」などがわからなくなること。時間、空間、人物の順に冒されていきます。

ＢＰＳＤ（行動しょう害）記憶、見当識、思考障害を中核症状と呼び、それによって出てくる困った行動を、周辺症状、行動しょう害、ＢＰＳＤと呼びます。

「お金を取られたなどの被害妄想」「嫉妬妄想」「同じことを繰り返し言ったりしたりする」「徘徊」「不穏」「作話」「介護拒否」「暴力、暴言」「ものを集めたり新聞紙を裂くなどのこだわり行動」「失禁」「ろう便」「独語」などの症状があります。

ポイント２　発症と経過

「財布や通帳をいつも探している」
「同じものばかり買ってくる」
「料理の味付けがへんになった」
「なべをよく焦がす」
「迷子になった」

周囲がおかしいと思う状態と、ふつうの状態が入り交じる初期。

徘徊や迷子、ゴミ屋敷化など、いよいよひとりでは生活ができず危険になり介護が必要になる時期を経て、言葉も出なくなりぼんやりしていることが多くなる重度の時期を迎えます。

脳の萎縮などで嚥下障害が起こり誤嚥性肺炎などにかかりやすくなります。とっさの判断力がないため、骨折、転落などしやすく、大腿骨骨折などでは病識がないためリハビリがうまくいかず、車椅子となり不活発な生活が体力を落とすことにもなりかねません。

ポイント3　認知症の診断

「もの忘れ外来」「老年外来」など、認知症の専門医がいる病院、地域包括支援センターで紹介された医師のいる医院や病院で検査をします。

CTで脳の萎縮や異常をみて、長谷川式テストと問診で、認知症かどうか、ほかの病気ではないかを識別します。

さらに、レビー小体病を見分けるために、MRIやSPECT検査を行う場合もあります。

認知症の症状がでていても違う病気で、適切な治療をすれば、認知症の症状が取れる場合もあるので、早めの受診が奨励されています。

脳腫瘍、正常圧水頭症、慢性硬膜下血腫などの脳の異常、糖尿病、腎臓病、肝臓病でも意味不明の行動をする「せん妄」が起こります。甲状腺機能低下症、ビタミンB_1、B_{12}欠乏症でも認知症と同じような症状が起こります。初期に間違えやすいのはうつ病です。

［うつ病と認知症］

共通する変化

- 気分が落ち込み意欲がでない
- 記憶力、判断力の低下
- 食欲減退や過食、眠れない

違い

●うつ病——午前中に不調　　　認知症——午後から夕方にかけて変調
●うつ病——自分の症状を自覚　認知症——無自覚
●うつ病——日常生活に支障がない　認知症——日常生活に支障
●うつ病——脳に異常　　　　　認知症——脳に異常

［種類］（重複している場合も多く、一人一人が違う）

アルツハイマー型

●神経細胞が壊れていきます。なだらかに進み、病識がない傾向、性格が変わる傾向がある。

脳血管性

●脳出血や脳梗塞などの影響、段階的に悪くなる傾向。病識があり、自身の状態を自覚し、苦しむ方もいる。

レビー小体病

●レビー小体という組織変化により障害が起きる。脳の後方部が冒されやすく視覚の神経に影響し幻視（虫、動物、子供などがありありと見える）が起きる。歩行のもつれ、尿失禁も起こりやすい。記憶や病識が保たれていることが多い。

前頭側頭型

●前頭葉が障害されることで、状況にそぐわない行動や万引きなどの以前では考えられない社会性を逸脱した行動が起きることがある。毎日、同じ時刻に食事、入浴するなどの常同行動、言葉のオウム返しなど。記憶や日時を間違うことが少なく、見当識は比較的保たれている。

ポイント4　怒らない・責めない・諭さない

直近の記憶から失われていくのが認知症です。冷蔵庫一杯に同じものを買うのも、買った記憶がないからです。

「また同じものを買ってきて」

と家族が責めても、当人はなぜ責められているかわからないし、責められたことが記憶にも残らないので再発防止にはなりません。

しかし、責められた顔の表情は「あ、怒られた、不快だ」と扁桃体が働くので抵抗に会いますし、不快として残っていきます。

記憶はなくなっていっても、快不快はつみ重なり、行き所がなくなり不穏な状態を作り出します。

本人にとってはわけのわからない不快や不安ですから、不快が積みかさなると、イライラして動き回り、安心を求めて徘徊したり、なにかを集めてまわったり、新聞紙を千切る、本を壊す、なんでもかんでも折りたたむ、などのこだわり行動に没入したりという行動をしがちです。

つまりは、怒ったり、責めたり、諭したりしても無駄どころか、害になるのです。

よかれと思ってする「正しい方向に矯正する」「衰えた機能を回復させたい」などの介護はナンセンスだとわかってください。

それより、あなたが認知症の親のキーパーソンなら、親の変化を見続ける、それだけで心が傷ついているはず。

自分ファーストで、合理性にあった介護をして、そのことに誇りをもってください。

ポイント5　気持ちに寄り添う知恵

認知症独特の困った行動も、対応の知恵で乗り切れます。

「さあ、お茶にしましょう」

茶菓子は万能アイテム。お茶での場面転換が一番です。

好きなお菓子を常に置いておき、困った場面で出すと「あらそう」とにっこり。それまでのこだわりは忘れてしまいます。

デイサービスの送迎の車からどうしても降りません。

「お客さん、終点ですよ」で、「あっそう」とさっぱり下車。

どうしても会社に行くと言い張る父。

「今日は日曜日ですよ」「あっ、ああそうか」

「迎えの車がきますから、お茶飲んでおまちください」で場面転換できます。

ちょっとユーモラスなこんな光景。

介護者はもちろん、本人も、不安やこだわりから解放されてほっとした表情です。

こういう場面がとても大切で、積み重ねて行くうちに、

「失礼ですが、おいくつ？」

「私？　五三歳じゃない」（認知でも「失礼ですが」って礼儀正しいのねと、クスッ）

「お母さんはおいくつなの？」

「私？　そうねえ、二一歳かしら」（あらー）

「そうなの？　ハハハッ」

「オッホッホ」

などという、なんとなくほっこりする時間がおとづれます。

ポイント6　性格に合わせる

認知症になってからの傾向は、病前の性格や暮らしかたで、三つに分かれます。

葛藤型　かつてできたことができなくてやりきれない思い

●デイケアで一人文句を言い続けている音楽教師だった女性。大声で「野バラ」を歌い周囲から「うるさい」と文句がくると「なにがウルサいんだ」と怒鳴り返します。

●財布がない「オマエがとったんだろう」と騒ぎ、介護者を疑う。自分が無くすはずがないという固い自信から、「誰かが取ったに違いない」という確信を持つ。これも葛藤型の内面の自己保存が裏返った心理です。

●教師や弁護士などの専門職、一代で事業をなした経営者、一族の知恵袋として采配をふるってきた女主人、町内会を仕切りみんなの面倒をみてきた人、過去、周囲から尊敬されてきたひとは、「面倒見よいけれど、面倒みられ下手」で、内心の葛藤が攻撃的なカタチで現れます。

そのかたの尊厳を認めるような対処で改善した例。整備士だった方に車の修理をしてもらったり、大工さんだった方に箱をつくってもらったりすると家庭での暴言、暴力が消えたという例があります。

役割を作り、お願いして実行してもらい、「助かったわ」「ありがとう」と結果を褒める対応がすすめられています。自慢話を引き出し傾聴し、承認する対応もよい結果につながります。

回帰型　人生が充実していたあのころに戻る

家にいるのに「家に帰る」と出て行く。夕方になるとソワソワして「みんなの食事をつくらなきゃ」と出て行く。

「あなたは弟ですよ」と息子を弟と思い込む。

「行って来ます」とやたら重ね着して、仕事に行こうとする。

過去の誇らしい自分に戻ると心が落ち着くタイプは、自分の仕事や役割を一生懸命果たしてきたひと。

否定せず話を聴くことが大切です。過去のだれかと間違えて呼ばれても、否定せず、話を合わせます。徘徊が始まったら理由を聞いて、「～したいのですね」と共感を示し落ちついてもらい、それから気分を変えるようにします。

孤立型　自分の世界に閉じこもる

人と交わらず口もきかない。ぶつぶつ独り言を言っているタイプ。おとなしいのでほうっておかれるので、ますます閉じこもると、次第に体力が衰え、入浴や食事もいやがるようになっていきます。

孤立型タイプは、若いころから自己主張をしないで人生を生きてきたタイプや、親や配偶者、子供を一番に生きてきた方が陥りやすいのです。

介護の方法としては、散歩、園芸、ペット療法などで刺激を与える。皮膚感覚を大切にしてスキンシップを取り入れる、などの方法がよいです。

話すときは興味を持ってもらいそうなことなどを語りかけ、話が出たら共感して、話す意欲を持ってもらうようにしましょう。

その方の「いま」に寄り添うことで、問題行動がおさまり進行も抑えられます。

ポイント7　話すときの礼儀と作法

話しかけるときは注意深く。近づいて目を見て、話す

視野が狭くなっているので、視野に入り、「これから話しかけるますよ」と、腕に軽くふれたりして、「こんにちは」などの合図をし、聞く気分になってから話しかける。

それぐらいの注意深さを心がけましょう。

名前はフルネームで呼ぶ

大声がきらいな方がいる一方で、難聴の方もいるので、事前に傾向を知り、適宜、声の大きさに気をつけましょう。

話すスピードは、相手のペースに合わせる

簡潔に話す、一度にいくつもの情報を伝えない。わかりやすく話すことが大切です。

「昨日は雨でしたが，今日は晴れましたね。晴れたからお散歩に行ったのですか？」と言った話し方をすると、混乱させてしまいます。

わかる言葉で話す

成人してからの言葉を忘れてしまう方もいます。生まれ育った土地の方言で話したら理解したということもあります。

優しい笑顔、しぐさ、イントネーションで話す

周囲の人の表情やしぐさ、雰囲気に敏感に反応するので、見える範囲での職員との私語や打ち合わせにも気配りをしてください。

聴くときはいつも脇役になり、批判したり、論じたりしないようにしましょう。嘘とわかっても合わせ、「私ならこうしたわ」などと意見を言うのは控えましょう。

認知症の進行を止め穏やかに暮らすために

・運動　筋トレ、風船バレー、ゲームなど

楽しく体を動かすことで代謝をよくし、ひととまじわることで社会性を確保し、自尊感情を高めます。

・回想療法、傾聴

過去の記憶は保たれていて、回想し語ることで脳細胞に良い刺激を与えます。訓練された聞き役が受容的に聴くことが大切です。

・音楽療法

五感と情感を刺激し、良い影響を与えます。

〈参考図書〉

『親の認知症が心配になったら読む本』(小川陽子著　市来嵜 潔監修　実務教育出版刊)

13章

介護との両立・人生への効果

介護は人生の財産

介護を「究極の最上のサービス」というのは、多摩大学名誉教授の、近藤隆雄先生です。

銀行やJRなどの定型的なサービスを1とすれば、介護サービスは4と分類します。介護は、利用者の意識していないニーズを、サービス提供者が察知して、そこを満たす努力をする高度なサービスだからです。

このようなサービスを提供するためには、介護するひとに前向きなエネルギーが必要です。介護の仕事に夢をもち、自己成長できると感じていれば、自然、エネルギーが生まれるので、介護業界は介護従事者の待遇改善とともに、モチベーション維持をはかることが必要です。

さて、家族の介護者も、同じように最上、極上のサービスをしていることになります。

最初は戸惑いながら始めたとしても、要介護者の「おいしい」「気持ちいい」という満足の声にこちらも喜び、笑顔に励まされていき、介護者もまた、満足感を感じるのです。

要介護者のために施設を探したり、良いサービスを受させる手続きをする。そして要介護者に、元気な自分の自然な笑顔を見せることもまた、満足感になります。

しかし、いつまでも上向きにはいきません。老化は否応なく進み、いずれは床にふしたままになり、看取りの時期に入ります。

究極のサービスは、究極の試練でもあります。介護の終わりは死という別れです。ですが、介護者は、それを悲劇とは思わないものなのです。

矛盾するようですが、誰ひとりとして、介護に後悔しないひとはいません。ああもすればよかった、こうもすればと思い悩みます。しかし一方では、静かに達成感をかみしめるのです。

行動経済学を提唱し、ノーバル経済学賞（二〇一七年）に輝いたアメリカ、シカゴ大学のリチャード・セイラー博士は、「人間は直感的思考や利他心、自制の欠如などから、合理的な行動を取れない」という観点から人間の行動を考察し、数々の実験を行いました。

そのなかに「利他心」の実験があります。

与えられたお金を自分のために使うグループと、他者のために使うグループとに分け、「どちらが幸せか」と予想させると、「自分のため」が圧倒的に多かったのですが、結果は他者のために使ったほうが、幸福感が高かったのです。

この結果は、実際に他者のためにお金を使ってみると、心になんらかの変化が起きたことを示しています。

私は自分の経験を振り返ってみて、自分の時間と自由を介護のために捧げた、心の経過にこそ、大きな意味があるのだと思っています。

介護と看取りの経験がなかったなら、どうにかこうにか通用する「おとな」には、とてもなれなかったのではないかと思うのです。

キャリアコンサルタントと、カウンセラーとして認められることもなく、「介護と心の相談室」を開くこともできなかったでしょう。

企業は介護を人材確保のナッジに

現代に必須といわれる行動経済学。リチャード・セイラー博士の実験に「ナッジ」（相手を肘で軽くつつくという意味）を利用したものがあります。ちょっとした工夫で「ひとの選択肢に呼びかけて世の中をよくしていく」という行為で、ひとの行動がどう変わるか実験して、証明しました。

英国では二〇一〇年、キャメロン首相が、セイラー氏のアイディアで、税金の督促状に「あなたの町内の人は、一〇人中九人が期日どおりに支払っています」という手紙を添え、納税率が著しく改善させた例（八三％が納税期限を守った）が有名です。

企業が社員の介護と仕事の両立を支援していくことは、社風を開放的にし、企業コンプライアンスを高め、結果、人材確保のナッジにもなるのではないのでしょうか？

企業は人材確保に悩んでいます。

介護をしつつ仕事ができる会社、システムも社員の理解も、進んでいる会社だということを社会にアピールできれば、好感度が上がり、人材も集まる。そういう世の中になっていくと思います。

弱さを見せあえる組織が強い

リーマンショックを予期し、危機回避した世界最大のヘッジファンドのシネマコンプレックスや不動産経営で大きく飛躍している会社など、アメリカの成功している企業が、社員が弱さを見せあうことができる組織文化を築いて話題になっています。

「評価を下げたくない」と思うあまり、失敗や弱点を隠してしまうことに、ひとは膨大なエネルギーを使っています。そういう風土では、なにか問題を感じても、上下関係が気になって指摘できないので、当然、問題解決ができません。

これらの企業では、弱点を隠すエネルギーを、さらけ出して協力しあうことで別のエネルギーに変え、企業風土を風通しのいいものにしていったのです。

自分を取り繕う必要がなく「本来の自分」でいられる職場。

誰にも率直な意見が言える職場。

社員同士が、全員の「限界」「弱点」を知っていて、それを克服するために支援する職場。

社員は、集中して課題に打ち込むことができる職場。


これまで論じてきましたが、介護と仕事の両立は、「評価を下げたくない」と思うあまり、介護を隠してしまうのを、やめることから始まります。

企業風土を変える努力をしなくても、介護のカミングアウトから「弱さを見せあえる組織」に進化していけるのです。

「同一労働同一賃金」の時代がくる

世界一幸せ度が高いと言われているオランダですが、三〇年前は「オランダ病」と言われるほど産業が疲弊して、失業率も一〇%を超えていました。

ですが、一九八二年の政府と労使の「ワッセナー合意」（ひとりの労働時間を短縮することで、多くのひとが働けるようにするワークシェアリングが基本となった協定）と、一九九六年の「労働時間差別禁止法」によって、フルタイム社員とパートタイマーの待遇格差を禁止する法律ができると、労働者が主体的に働き方を決める、高福祉の国にかわってきました。

女性の社会進出もトップクラスですし、出産率もあがっています。

日本でも「働き方改革」が叫ばれ、「同一労働同一賃金（条件）」の導入が検討されています。

介護と仕事の両立に会社も個人も取り組むことは、「主体的な労働で、生産性をあげて経済発展していく」、そんな時代を切り開く土台づくりともなるでしょう。

介護をすべてのひとの問題と捉え、仕事との両立に積極的に取り組み、長寿社会を安心で喜ばしいものにしていきましょう。

〈参考図書〉
『なぜ弱さを見せあえる組織が強いのか――すべての人が自己変革に取り組む「発達指向型組織をつくる」』
（ロバート キーガン、リサ ラスコウ レイヒー著　中土井 僚監修　池村千秋訳　英知出版刊）

おわりに

これまで数々の、介護と仕事の両立をご紹介してきました。失敗例・成功例さまざまですが、共通しているのは、試行錯誤を繰り返しながら、よりよい介護を模索していく、ひととしての心情あふれる素晴らしい姿です。たとえ初動で失敗してもいい、終わってみれば後悔はなかった、と思えれば、介護は大切な誇れる経験となる、ということをご理解していただけたでしょうか。それぞれにドラマがあり、介護は大きく人生を変えるということも、実感していただけたでしょうか。

介護の重さ、大変さも、ケースごとにまるで違うこと。介護期間の長さ、病状や状態により、人生が左右されることも認識していただきたいことです。たとえば、介護が必要だ、と準備し始めたが、介護保険サービスを使う間もなく旅立ってしまった。入院したまま逝ってしまったという場合、介護したという実感があまり感じられないと思います。

四〇歳から二五年間、仕事と介護を一生懸命やってきた会計士さん。気がついたら自分も老年となり、たったひとりの寂しい人生となった、という場合もあります。

また、「父母はたいした介護するひまもなく、逝ってしまい、私は介護ナシで終わる人生らしい」と、のんびりと語られていたかたが、すぐに脳出血で、ご自分が介護を受ける立場になられたという場合もあります。

たまたまいま、介護が発生していなくても、介護をする、されることは、誰にもいつでも起こりうることなのです。

ひとり在宅介護一〇年越えて

私は仕事の絶好調期に母の介護が必要になり、母と暮らしたいという気持ち（内発的動機付け）が強かったので、在宅介護を選びました。

ひとりでの在宅介護が一〇年を越えて、現在も介護継続中です。「オムツを変えてデイに送り出し、出勤」の毎日です。

私は、同時期に起きた複数の介護と直面し、会社員生活と自分のキャリア、そして自分の人生を見直し、会社員生活に終止符を打ち、フリーランスとして独立しました。仕事の形態を変えて両立を果たしていますが、仕事にも介護にも、喜びや感動があるので、これでよかったと感じています。

しかしながら、いっぽうで、ときどき「もう折れそう」「いやだあ、楽にしてよ」「ああ、早くおわればいいのに」と心のなかで叫ぶのです。恥ずかしいけど、それもワタシなのです。どんなに強がってみても、内発的動機づけがあっても、在宅介護はしんどい。

介護保険を目一杯使ってなにが大変なのか……というと。

私の場合、トイレ誘導、おむつ替え、食事の補助など、「肉体奉仕型介護」は週に数日なのですが、「精神奉仕型介護」という、派手さはないけれど心身の疲労が深いこと、そこが深刻なのです。

たとえば仕事が終わり、帰宅する電車は何時の電車と決めています。なぜならデイサービスから帰ってくる母の、迎え入れをする時間が決まっているからです。

この電車が遅延などすると、オオゴト。

停まった電車のなかに缶詰めになりながら、委託介護サービス先へ電話し、車内の乗客に迷惑のかからないように、小声でコソコソ話して、迎えの人員を出してもらうなど、母をひとりにしない対策を立てなくてはならない。

「転倒したため病院へ連れて行ってください」

「熱がでた」

「湿疹がある」

など緊急連絡が入り、母の変調に対応するための時間をひねり出し、仕事と介護サービスの調整をアタフタとする。

ショートステイ先から、今日で五日も便が出ていない、と言ってきた。そろそろ摘便（便を手技で掻き出す。医師、看護師などでないとできない）の処置かな。いつ、どこに依頼しようか、そのときは、そばにいてあげなくては、とスケジュールとにらめっこ。

時間に追われることは育児も同じですが、介護は育児と違い、あと何年続くのか見えないところが、精神的疲労を生みます。

疲れ果てたとき、仕事なんかしないで、母の横でのんびりと介護ぐらしをしたいな、

と夢想して、

「あ、ダメダメ、介護離職しても、ちっともラクにはならない、こんなはずじゃなかったと、悪循環が始まる現実を、いやというほど見てるじゃない」

のんびりしたければ、スケジュール調整！

がんばらない、手を抜く介護をしていても、やはり長期化すれば心がへこむこともあるのです。

多様な介護に思いやりを

本書でご紹介した事例は、親の介護と配偶者の介護のみになりましたが、親子以外の家族や、近親者、友人にも介護は発生します。

叔父叔母、友人、ＬＧＢＴ間や婚外パートナーなど、介護者が現行の法では守られにくいケースの介護が、たったいまも、現在進行形で発生しています。

最近のある事例を紹介します。

二〇年、暮らしを共にしたゲイカップルが自分のパートナーの介護を献身的におこない、その費用は共有財産から捻出。ところがパートナーが亡くなったとたん、見舞いにすら来なかった、子供（前妻の子）が弁護士とともにきて、ねぎらいの言葉ひとつなく、現行法律に則って遺産相続を主張。

介護したかたは、パートナーの喪失のショックに加えて、経済的にも大きな損失を負い、なによりもこれまでの介護や思い出までも否定されたことで傷つき、心身に不調を来しました。このような理不尽なことも起きています。

介護をすることは本来、感謝されるべきことなのに、介護をしたことによって、心に傷を負い、不幸な人生を歩む人が出るのは、許しがたいことです。

そのような人を出さないために、全ての人が介護の実態を知り、正確な知識と理解を深めてほしいと思います。

介護を密室にしないで、少しでもいいから、かかわってほしいと思います。

介護を知り、かかわることで柔軟な心が生まれ、介護するひと、されるひとを、思いやることができます。

働く仲間同士で、さまざまな関係性の介護を、尊重し支えあっていくことが、いま必要です。

自分を大切にしてこその介護

介護は一大事業。だからこそ、できる限り他力本願で、自分ファーストで歩んでいくことが大切です。

そして、過去を振り返って悔やんだり、隣の芝生をうらやましがらないこと。

そんな暇があるならば、「どうやってこの局面を乗り切って生きようか」と前に進むことを考えましょう。

しっかり考え、介護を、そして人生をマネジメントしていくことができれば、必ず達成感はやってきます。

私は、介護をした人を見送るとき、

「卒業していったな」

と感じます。

自分よりも一足先に、この世を卒業していった人の生きざまの一部を、自分は担うことができた。そう感じられれば、介護経験も「良し！」と思えるのかもしれません。

いずれ自分も終末を迎える。それがひとの運命。その前に、介護を受けることになるかもしれません。それは、だれにも予測できません。

自分の終わりを悔いなく、安泰にしていくための準備として、介護経験は最良の教科書になるのではないかと思っています。

最後までお読みいただき、ありがとうございます。

また、一〇年以上にわたり、介護を支えてくださっているケアマネジャーやヘルパーのみなさま、介護施設先の全ての職員のみなさま、医療チームのみなさまに、ご挨拶させていただきたいと思います。

みなさまのお陰で、私は仕事と介護を両立することができています。私と母の人生を支えていただいていることに、深く感謝を申し上げます。

これからもよろしくお願いします！

二〇一八年三月

飯野三紀子

飯野三紀子 いいのみきこ

（社）介護離職防止対策促進機構 理事。ウェルリンク（株）にて「介護とこころの相談室」を立ち上げ、現在、専任 チーフコンサルタント。企業の人事部経験を経て、人材紹介会社で、キャリアコンサルタントとして従事。2000年に母と２人で叔母の介護と看取りを経験。その後、母親が認知症発症、同時期に親友のうつ病介護が重なり会社員生活を断念。自身のキャリアを見直しフリーランスとして独立。心の問題を扱うべく大学で心理学を学び直し、現在は、要介護４の母を在宅介護しながら、働く人の「心の健康」と「介護と仕事両立」のための支援を行なっている。５人の介護と４人の看取りを経験。ココロとカラダのケアラボ主宰。

仕事《しごと》を辞《や》めなくても大丈夫《だいじょうぶ》！
介護《かいご》と仕事《しごと》をじょうずに両立《りょうりつ》させる本

2018年5月11日　第1版第1刷発行

著　者　飯野三紀子《いいのみきこ》
発行人　宮下研一
発行所　株式会社方丈社
〒101-0051
東京都千代田区神田神保町1-32　星野ビル2F
Tel.03-3518-2272／Fax.03-3518-2273
http://www.hojosha.co.jp/
装丁デザイン　ランドフィッシュ
編集協力　小川陽子
印刷所　中央精版印刷株式会社

ISBN978-4-908925-28-3